Online-Know-how für Manager

Felix Beilharz

Online-Know-how für Manager

101 Profi-Tipps, wie Sie Informationen schneller finden, Ihre Eigen-PR verbessern und Ihre Reichweite steigern

Felix Beilharz
Köln, Deutschland

ISBN 978-3-658-10949-3 ISBN 978-3-658-10950-9 (eBook)
DOI 10.1007/978-3-658-10950-9

Die Deutsche Nationalbibliothek verzeichnet diese Publikation in der Deutschen Nationalbibliografie;
detaillierte bibliografische Daten sind im Internet über http://dnb.d-nb.de abrufbar.

Springer Gabler
© Springer Fachmedien Wiesbaden 2016
Das Werk einschließlich aller seiner Teile ist urheberrechtlich geschützt. Jede Verwertung, die nicht
ausdrücklich vom Urheberrechtsgesetz zugelassen ist, bedarf der vorherigen Zustimmung des Verlags.
Das gilt insbesondere für Vervielfältigungen, Bearbeitungen, Übersetzungen, Mikroverfilmungen und
die Einspeicherung und Verarbeitung in elektronischen Systemen.
Die Wiedergabe von Gebrauchsnamen, Handelsnamen, Warenbezeichnungen usw. in diesem
Werk berechtigt auch ohne besondere Kennzeichnung nicht zu der Annahme, dass solche Namen
im Sinne der Warenzeichen- und Markenschutz-Gesetzgebung als frei zu betrachten wären und
daher von jedermann benutzt werden dürften.
Der Verlag, die Autoren und die Herausgeber gehen davon aus, dass die Angaben und Informationen
in diesem Werk zum Zeitpunkt der Veröffentlichung vollständig und korrekt sind. Weder der
Verlag, noch die Autoren oder die Herausgeber übernehmen, ausdrücklich oder implizit, Gewähr
für den Inhalt des Werkes, etwaige Fehler oder Äußerungen.

Gedruckt auf säurefreiem und chlorfrei gebleichtem Papier

Springer Gabler ist Teil von Springer Nature
Die eingetragene Gesellschaft ist Springer Fachmedien Wiesbaden GmbH

Geleitwort von Siegbert Pinger

Siegbert Pinger

Digitalisierung ist DER Zukunftstrend. Industrie 4.0 und das Internet der Dinge werden gerade von vielen Seiten gepusht. Auch Sie nutzen das Internet – mal mehr mal weniger? Das Netz ist selbstverständlich geworden? Fühlen Sie sich sicher in der Anwendung fortschrittlicher und produktivitätssteigernder Internetdienste? Sind Sie sicher in der Anwendung der Basics des Netzes? z. B. Wie nutze ich die immensen Recherchemöglichkeiten zu meinem Vorteil? Wissen Sie, was einzelne Browser können, welche Vorteile jene oder andere Browser Ihnen bieten?
Sind dies alles Fragen, die Sie lieber an eine IT-Abteilung abgeben möchten? Oder noch nie gestellt haben? Letzte Frage: Sind Sie IT-technisch abhängig von Spezialisten? Dann wird es Zeit, dem abzuhelfen. Lesen Sie dieses Buch von Felix Beilharz. Probieren Sie die Tipps aus und Sie können künftig aufgrund eigener Erfahrungen mitreden und die Vorschläge und Ideen Ihrer IT-Spezialisten besser einordnen.

Dipl.-oec. Siegbert Pinger
Geschäftsführer
Kommunikation und Netzwerke
vem.diearbeitgeber e.V.
www.vem.diearbeitgeber.de

Facebook: https://facebook.com/siegbert.pinger
Facebook: https://www.facebook.com/vem.diearbeitgeber
Twitter: http://twitter.com/vemdiearbeitgeb

Geleitwort von Dr. Hubertus Porschen

Dr. Hubertus Porschen

Das Internet, im Speziellen Online-Marketing und E-Commerce, prägen mein Leben seit nunmehr 13 Jahren. Ich gehöre zum Teil zu der Generation der sogenannten Digital Natives. Menschen, die ganz natürlich mit PC, Laptop, Tablet und Mobiltelefon agieren. Ich bin ca. 12 Stunden am Tag online.

In der alten Welt würde man mich trotz meines horrenden Internetkonsums als Netzwerker bezeichnen, da ich viele Beziehungen „in der realen Welt" pflege. Ich treffe Gründer, Politiker, Pressevertreter, Manager, Unternehmensnachfolger und CEOs täglich – sowohl für mein Unternehmen App-Arena als auch in meiner Funktion als Vorsitzender des Verbandes „Die Jungen Unternehmer". Zum Essen, auf Konferenzen, bei Vorträgen, die ich halte oder auch einfach nur zum Austausch.

Da die meisten meiner Gesprächspartner älter sind als ich, stelle ich oft einen gravierenden Unterschied fest. Viele sind Netzwerker der alten Art. Sie pflegen formelle und informelle Bekanntschaften in der Offline-Welt. Was Sie sträflich vernachlässigen ist, sich eine Reputation in der Online-Welt aufzubauen. „Wichtige Personen kennen mich und eine nette Internetseite ersetzt kein gutes Glas Wein mit XY!" so die argumentative Denke der Old-Economy. Das mag hin und wieder hinreichend sein, in den wenigsten Fällen ist es aber ausreichend.

Eine Reputation im Internet und die Pflege verschiedener, auf die Bedürfnisse und Ziele des Individuums zugeschnittener Netzwerke analog zur Offline-Welt, bieten dieselben Vorteile wie traditionelle Netzwerke. Und ja, es kostet Zeit und

Geld. Aber: Es rentiert sich. Kostet der Besuch von Konferenzen, Tagungen etc. nicht auch Geld und Zeit? Ich möchte jedem davon abraten, sich bei der Pflege der Online-Netzwerke alleine auf externe Berater oder Agenturen zu verlassen. Ein eigener Know-how-Aufbau ist in jedem Falle unerlässlich. Gehen Sie davon aus, dass Ihr Name gegoogelt wird, in sozialen Netzwerken eingegeben wird und auf Webseiten und in Onlinemagazinen über Sie geschrieben wird. Die Informationen, die Ihre Gesprächspartner über Sie finden, können und müssen Sie mitgestalten. Wie Sie das Internet zur gezielten Recherche, zur Eigenwerbung und zur Steuerung gewisser Informationen nutzen, erläutert in diesem Buch der in Deutschland führende Online-Marketing-Experte Felix Beilharz.

Dr. Hubertus Porschen
Bundesvorsitzender BJU Die jungen Unternehmer
Mitglied des Vorstandes ASU Die Familienunternehmer

Facebook: https://www.facebook.com/DieJungenUnternehmer
Twitter: http://twitter.com/JungUnt

Der Autor

Felix Beilharz

Felix Beilharz ist „einer der führenden Berater für Online- und Social Media-Marketing" (RTL). Der Diplom-Wirtschaftsjurist beschäftigt sich seit 2001 mit den Möglichkeiten, die Online-Marketing für Unternehmen bietet. Als Autor hat er zwölf Bücher und Buchbeiträge veröffentlicht, dazu zahlreiche Artikel und Kolumnen. Die Fachzeitschrift w&v nennt ihn einen der „Top-Influencer im Online-Marketing" und einen „digitalen Meinungsmacher, den man kennen sollte".

Felix Beilharz lehrt Online-Marketing und Social Media an der Universität zu Köln, der Technischen Hochschule Köln sowie der Hochschule Würzburg-Schweinfurt. Er trainiert Unternehmen, Behörden Organisationen und wird weltweit als Speaker gebucht. Er gilt daher als „einer der bekanntesten Experten für Online-Marketing" (Rhein-Main-Presse).

Neben der Tätigkeit als Speaker, Trainer, Autor und Berater veranstaltet er Social-Media-Konferenzen wie die „hashtag.business", die erste Konferenz speziell für Twitter- und Instagram-Marketing, und die Social-Media-Kanzlei-Konferenz, die erste ihrer Art für Rechtsanwälte.

Abkürzungen

AOL	America Online
HTML	Hypertext Markup Language
HTTP	Hypertext Transfer Protocol
HTTPS	Hypertext Transfer Protocol Secure
KI	Künstliche Intelligenz
OS	Operating System
PDF	Portable Document Format
PR	Public Relations
RSS	Really Simple Syndication
SEA	Search Engine Advertising
SEO	Search Engine Optimization
URL	Uniform Ressource Locator
USD	US-Dollar

Inhaltsverzeichnis

1 Einleitung 1
2 Den Einstieg finden 3
3 Besser suchen und recherchieren 11
4 Wirkungsvolle Eigen-PR 33
5 Effektiveres Networking 101
6 Informationen sortieren und Produktivität steigern 133
Anhang 139

Einleitung 1

Das Internet ist seit längerer Zeit fester Bestandteil der Wirtschaftswelt. Von den größeren Unternehmen gibt es so gut wie keines mehr ohne Website. Die meisten haben auch den Nutzen der sozialen Medien für sich entdeckt und investieren zumindest einen gewissen Teil ihres Marketingbudgets in die verschiedenen Online-Marketing-Kanäle. An diese Unternehmen richtet sich dieses Buch nicht.

Denn: Ich stelle vor allem bei Vorträgen immer wieder fest, dass bei kleinen Unternehmen und Selbstständigen die Lage noch ganz anders aussieht. Während ich diese Einleitung schreibe, befinde ich mich auf Vortragsreise mit einem Hersteller von Fassadentechnik – 13 Vorträge in 13 deutschen Städten vor Handwerkern, Architekten, Sachverständigen. Hier geht, je nach Ort, auf meine Frage, wer denn eine Website habe, höchstens die Hälfte der Hände hoch – manchmal sogar deutlich weniger. Die Frage nach einem beruflichen Facebook-Auftritt spare ich mir mittlerweile, in den ersten Vortragsstationen gingen jeweils maximal 2–3 Hände nach oben.

Darüber hinaus entdecken auch immer mehr Angestellte wie Führungskräfte, Manager oder Fachkräfte den Nutzen des Internets für sich. Selbst-Marketing, Eigen-PR, Networking, all das lohnt sich nicht nur als Selbstständiger oder Unternehmer, sondern eben auch als Arbeitnehmer. Diese in den USA längst etablierte Erkenntnis setzt sich hierzulande erst langsam durch.

An die beiden letzten Gruppen – Unternehmer, Selbstständige und Angestellte mit wenig Internet- und/oder Marketingerfahrung – richtet sich dieses Buch. Wenn Sie zwar E-Mails schreiben und im Netz surfen, aber nicht so richtig wissen, was Sie da eigentlich genau machen oder was damit eigentlich noch alles möglich wäre, halten Sie hier 101 Tipps in den Händen, die Ihnen genau dabei weiterhelfen. Nach einigen grundlegenden Anregungen erhalten Sie Tipps zur effektiven und vor allem

© Springer Fachmedien Wiesbaden 2016
F. Beilharz, *Online-Know-how für Manager*,
DOI 10.1007/978-3-658-10950-9_1

professionellen Recherche im Internet (Google kann nämlich mehr als Sie denken), zum Marketing (für Sie als Person oder Ihr Unternehmen), zum Netzwerken und zu einigen kommenden Trends, die uns die nächsten Jahre begleiten werden.

Das Buch ist bewusst so aufgebaut, dass Sie es nicht von hinten bis vorne lesen müssen. Stöbern Sie einfach in den 101 Tipps und picken Sie sich heraus, was Sie gerade interessiert. Das Buch können Sie immer wieder hervorholen, wenn Sie einen konkreten Tipp suchen oder Lust haben, Ihren Horizont noch ein Stück zu erweitern.

Ich wünsche Ihnen nicht nur viel Spaß mit diesem Buch, sondern auch viel Mut und Freude für den intensiveren Umgang mit den gar nicht mehr so neuen Medien. Und viel Erfolg im Internet!

Den Einstieg finden 2

Tipp 1: Einen Browser auswählen

Einer der wichtigsten Schritte auf dem Weg zur professionelleren Internetnutzung ist die Wahl des richtigen Browsers. Je nachdem, ob Sie einen Apple- oder Windows-Rechner haben, haben Sie vermutlich schon mit einem der beiden Standard-Browser Bekanntschaft gemacht: dem Apple Safari und/oder dem Microsoft Internet Explorer. Einer der beiden Browser ist in der Regel im Betriebssystem des Rechners vorinstalliert, was sie immer noch für viele Nutzer zu den Standardbrowsern macht.

Gerade der Internet Explorer steht aber regelmäßig in der Kritik. Nicht nur wegen teilweise gravierender Sicherheitslücken, sondern auch wegen der im Vergleich zu anderen Programmen sehr schlechten Performance. Andere Browser sind bezüglich Internetanwendungen oft deutlich schneller und flexibler.

In Deutschland teilen sich prinzipiell folgende Browser den Markt:

- Microsoft Internet Explorer
- Mozilla Firefox
- Google Chrome
- Opera
- Apple Safari

Tatsächlich ist der Firefox in Deutschland mit einigem Abstand Marktführer, gefolgt vom Chrome-Browser. Weltweit liegt Chrome deutlich vorn. Der ehemals marktbeherrschende Internet Explorer liegt dagegen abgeschlagen nur noch auf dem dritten Platz.

Ich kann Ihnen sehr empfehlen, sich mit dem Firefox oder dem Chrome vertraut zu machen – oder auch mit beiden. Sie werden vor allem die gesteigerte Geschwindigkeit, aber auch die höhere Stabilität schätzen lernen. Auch viele nützliche Plugins gibt es vor allem für diese beiden Browser. Einige davon stelle ich Ihnen im nächsten Tipp vor.

Alle bekannten Browser sind übrigens kostenlos und ohne Anmeldung oder Registrierung nutzbar. Sollte ein Browser-Download Geld kosten, sind Sie ziemlich sicher einem Fake aufgesessen – in diesem Fall brechen Sie den Vorgang sofort ab oder besser noch, starten sie ihn erst gar nicht. Den Mozilla Firefox können Sie hier herunterladen: https://www.mozilla.org/de/firefox/new/. Und den Google Chrome hier: https://www.google.de/chrome/browser/desktop/.

Und schließlich: Alle Browser gibt es auch in einer Version für alle gängigen Smartphones und Tablets. Die jeweiligen Downloads finden Sie über Google bzw. direkt auf den eben genannten Websites (die Sie dann aber logischerweise mit dem mobilen Endgerät ansurfen müssen).

Tipp 2: Browser-Plugins nutzen

Erweiterungen für den Browser tragen verschiedene Namen. Mal heißen sie Plugin, mal Extension, mal Add-On. Gemeint ist immer das Gleiche: kleine Programme, die den Browser um neue Funktionen erweitern, Lücken schließen, die Performance verbessern oder andere Funktionen erfüllen, über die der Browser von Haus aus nicht verfügt. Die meisten Plugins gibt es für den Firefox und den Chrome. Da dies darüber hinaus die meistgenutzten Browser sind, beschränke ich mich hier auch auf diese beiden. Beide Browser verfügen über ein umfangreiches Plugin-Verzeichnis (Firefox: https://addons.mozilla.org/de/firefox/, Chrome: https://chrome.google.com/webstore/category/extensions?hl=de).

Je nachdem, was Sie genau benötigen, finden Sie dort ziemlich sicher eine passende Lösung. Auch sehr spezifische Wünsche wie eine direkte Anzeige der Wasserstände deutscher Flüsse oder muslimischer Gebetszeiten im Browser sind mittels kostenloser Plugins erfüllbar.

Nur eine Warnung: Installieren Sie keine Plugins, deren Herkunft Sie nicht kennen (die z. B. in einer Spam-Email angeboten oder auf dubiosen Websites empfohlen wurden). Auch Plugins können Sicherheitslücken für den Browser schaffen. Besser zweimal denken und einmal klicken. Was übrigens auch insgesamt eine ganz gute Faustregel für das Internet darstellt.

Im Firefox heißen die Plugins Add-ons und lassen sich mit wenigen Klicks installieren. Nach dem Installieren ist in der Regel ein Neustart des Browsers notwendig, damit das Plugin aktiv wird.

Die 7 hilfreichsten Firefox Add-ons

1. Adblock Plus
   Der Adblock Plus ist der meistgenutzte Adblocker weltweit. Das heißt, er blockt sämtliche Werbung aus dem Browser heraus, was den Browser sehr viel schneller und das Surfen angenehmer macht. Allerdings verdienen dann die Website-Betreiber auch kein Geld mehr, sofern die Seite werbefinanziert ist. Sollten Sie sich also für die Adblocker-Nutzung entscheiden, deaktivieren Sie den Adblocker zumindest auf den Seiten, die Sie mögen und gern besuchen.
2. Ghostery
   Ghostery befriedigt das Bedürfnis nach Datenschutz und Privatsphäre, zumindest teilweise. Das Add-on zeigt Ihnen an, welche Daten über Sie gerade von wem gesammelt werden. Wenn Sie eine handelsübliche Nachrichtenseite aufrufen, kann es gut sein, dass Ghostery sofort ein Dutzend oder mehr Dienste auflistet, die gerade Daten über Sie abfragen. Per Klick können die einzelnen Dienste dann blockiert werden.
3. Theme Font & Size Changer
   Auf Websites lässt sich die Schrift meist in der Größe verändern – die Programmtexte des Browsers aber nicht. Falls Ihnen die Schrift im Firefox zu klein ist, können Sie sie mit diesem Plugin beliebig anpassen.
4. DownThemAll
   Bei DownThemAll handelt es sich um einen Download-Manager, mit dem Sie Downloads im Firefox beschleunigen, verwalten, pausieren und erneut starten können. Gerade wenn Sie viel herunterladen ist dieses Add-on ein sehr nützlicher Helfer.
5. Session Manager
   Dieses Add-on ist unverzichtbar, wenn Sie gerne manche Fenster oder Tabs längerfristig offen halten und diese auch nach dem Schließen des Browsers erhalten bleiben sollen, so dass sie beim nächsten Mal wieder an der gleichen Stelle geöffnet werden. Der Session Manager legt für jede Ihrer Browser-Sitzungen eine Speicherung an, so dass Sie auch in älteren Sessions stöbern und zum Beispiel aus Versehen geschlossene Tabs leicht wiederfinden können.
6. DoNotTrackMe
   Ebenfalls ein gutes Add-on, wenn Ihnen Privatsphäre ein wichtiges Thema ist. DoNotTrackMe verhindert, dass Ihre Bewegungen im Netz aufgezeichnet und zum Beispiel für Werbezwecke verwendet werden können.

> 7. Google Translator for Firefox
> Dieses Add-on bringt den Google-Übersetzer in Ihren Browser. Einfach einen Text oder Textausschnitt markieren und mit einem Klick übersetzen. Hilfreich, aber natürlich nur so gut wie der Google Translator an sich.

Einige der beliebtesten Add-ons für den Firefox gibt es auch als Extensions für den Chrome. Darüber hinaus verfügt das Verzeichnis bei Chrome aber auch über viele zusätzliche, exklusive Erweiterungen, die es so nur für Chrome gibt.

> **Die 5 hilfreichsten Chrome-Extensions**
>
> 1. Trusted Shops-Erweiterung
>   Diese Erweiterung zeigt Ihnen direkt in den Google-Suchergebnissen an, welcher der gefundenen Shops mit dem Trusted Shops-Qualitätssiegel ausgezeichnet und damit eine sichere Quelle für Online-Shopping sind.
> 2. Note Board
>   Note Board ist ein hübsches Tool, mit dem Sie Notizen an eine virtuelle Pinnwand heften können. Damit haben die Klebezettel am Bildschirmrand hoffentlich endlich ein Ende.
> 3. Checker Plus für Gmail
>   Da Chrome ja zu Google gehört, sind Verknüpfungen zur Google-Suche oder eben zu Gmail natürlich sinnvoll. Der Checker Plus vereinfacht die Nutzung von Gmail deutlich und erweitert den Maildienst um zusätzliche Funktionen.
> 4. Chrome to Phone
>   Mit diesem nützlichen Helferlein können Sie Links, Telefonnummern oder andere Informationen, die Sie beim Surfen mit dem Chrome markiert haben, direkt an Ihr Android-Gerät schicken. Überaus praktisch.
> 5. Bookmark Manager
>   Der Bookmark Manager erleichtert und ergänzt das Anlegen Ihrer Lieblings-Websites als Bookmarks im Chrome-Browser. Sie können damit Ihre Lesezeichen zum Beispiel thematisch sortieren und sie synchron auf all ihren Geräten (auf denen Sie Chrome installiert haben) nutzen.

So verlockend es auch ist: Installieren Sie nicht zu viele Plugins für Ihren Browser. Denn dann leidet wieder die Performance, der Browser wird langsamer und stürzt häufiger ab.

Tipp 3: Wichtige Programme für die Internetnutzung installieren

Neben einem Browser und einigen Plugins gibt es noch einige weitere Programme, die Sie zum sicheren und komfortablen Surfen im Internet haben sollten. Hier gilt wie so oft: Fragen Sie zehn Experten und Sie erhalten elf Meinungen. Ich habe hier einige Programme herausgesucht, die auch für Einsteiger gut geeignet sind und bei denen Ihnen zur Not auch Kollegen, Freunde oder Bekannte weiterhelfen können, die selbst keine Online-Geeks sind. Sicherlich gibt es bessere, sicherere oder professionellere Kombinationen, aber was hilft Ihnen ein perfektes System, mit dem Sie nicht umgehen und zu dem Sie auch niemandem um Rat bitten können?

Alle Programme, die ich Ihnen hier vorstelle, sind kostenlos im Netz erhältlich. Teilweise existieren kostenpflichtige Vollversionen, die mehr Funktionen aufweisen oder werbefrei gehalten sind. Zu all diesen Programmen gibt es meist ebenso gute Alternativen. Dass ich diese hier ausgewählt habe, heißt nicht unbedingt, dass es die besten ihrer Art sind. Es sind einfach die Programme, mit denen ich selbst in den letzten Jahren gute Erfahrungen gemacht habe oder die auf jahrelange weit verbreitete Nutzung im Netz zurückblicken können.

Sie können sich die Programme selbst im Netz zusammensuchen. Auf der Internetseite Chip.de gibt es jedoch gut gemachte Download-Charts, die die aktuell am häufigsten heruntergeladenen Programme aller Art auflisten. Diese Liste nutze ich seit mindestens zehn Jahren zur Orientierung. Die Übersicht finden Sie unter http://bit.ly/chip-downloads.

> **Hinweis**
> Sehr oft versuchen Anbieter oder Verteiler von Gratis-Software, Ihnen beim Download noch weitere Programme unterzujubeln. Diese müssen nicht unbedingt schädlich sein, sind aber meist nervig oder schlicht unnötig. Achten Sie daher beim Installieren immer auf solche Hinweise und bereits gesetzte Häkchen, die Sie entfernen müssen, um die Zusatz-Installation zu verhindern.

Antiviren-Software

In jedem Fall sollten Sie über ein bewährtes Antiviren-Programm verfügen und ihren Rechner regelmäßig auf Viren und Schadsoftware überprüfen. Sehr beliebt sind vor allem Avira AntiVir – Free Antivirus und AVG Antivirus Free.

Firewall

Während die Antiviren-Software Ihren Rechner auf vorhandene Viren überprüft, soll die Firewall verhindern, dass überhaupt solche Software auf Ihren Rechner gelangt. Eine gute Firewall blockt sämtliche Angriffe oder unerwünschte Software ab. Windows verfügt über eine eingebaute Firewall, über deren Qualität herzlich gestritten wird.

Thunderbird

Im Büro nutzen Sie für Ihre E-Mails höchstwahrscheinlich Outlook. Privat begnügen sich viele dagegen mit den Web-Zugriffen auf Gmx, Web.de, Gmail oder andere Mailanbieter. Eine bequeme Alternative dazu ist Thunderbird, das aus dem gleichen Hause stammt wie der Firefox-Browser. Thunderbird verfügt über ähnliche Funktionalitäten wie Outlook, kostet aber nichts. Und lässt sich ähnlich wie der Firefox mit diversen Add-ons erweitern.

MozBackup

Wenn Sie sich für Firefox und/oder Thunderbird entschieden haben, ist MozBackup noch eine gute Ergänzung. Mit diesem kleinen Tool können Sie Backups von beiden Programmen machen und so zum Beispiel Ihre E-Mails sichern oder den kompletten Browser inklusive Historie, Lesezeichen etc. auf einen neuen Rechner übertragen.

Tipp 4: Sichere Passwörter erstellen

Erschreckenderweise sind die weltweit am häufigsten genutzten Passwörter immer noch Zahlenkombinationen wie „1234567" oder einfachste Wörter wie „password" oder „superman". Solche Passwörter lassen sich in wenigen Sekunden oder Sekundenbruchteilen knacken und sind genau so sicher wie gleich auf ein Passwort zu verzichten. Auch Kombinationen wie Geburtstag und Vorname sind nur unwesentlich sicherer. Hacker benutzen Listen mit ein paar Millionen gebräuchlicher Kombinationen, die per Software in kürzester Zeit durchprobiert werden.

Es gibt aber eine gute Methode, bombensichere Passwörter zu erstellen. Diese Methode sollten Sie für alle Kanäle, Tools und Zugänge, die Sie im Laufe dieses Buches kennenlernen werden, anwenden.

Überlegen Sie sich einen Satz, den Sie sich gut merken können. Der Satz sollte auch eine Zahl und Sonderzeichen enthalten. So ein Satz könnte zum Beispiel lauten: „Der FC Bayern München wurde 1982 zum 1. Mal Meister!"

Jetzt bauen Sie sich aus den Anfangsbuchstaben dieses Satzes Ihr neues Passwort zusammen:

DFCBMw1982z1.MM!
Dieses Passwort ist für Außenstehende komplett willkürlich, für Sie durch Ihren Satz aber sehr leicht zu merken. Durch die Länge und die Kombination aus Groß- und Kleinschreibung sowie Zahlen und Sonderzeichen auch praktisch unknackbar. Sie könnten sogar einen etwas kürzeren Satz auswählen und hätten immer noch einen sehr guten Schutz.

Um das Ganze noch besser abzusichern, sollten Sie dieses Passwort nicht für alle Kanäle verwenden, sondern leicht modifizieren. Sie könnten zum Beispiel für Facebook ein „F" voran und ein „B" ans Ende stellen. Ähnlich dann für Twitter (TW), Google (GO), Dropbox (DB) etc.

Auf diese Weise haben Sie für alle Kanäle ein einzigartiges, sicheres und leicht zu merkendes Passwort.

Besser suchen und recherchieren 3

Wer im Internet etwas sucht, fängt fast immer direkt an zu googeln. Google ist mit großem Abstand die meistgenutzte Suchmaschine der Welt. Zum Marktanteil in Deutschland gibt es unterschiedliche Zahlen, alle liegen aber deutlich über 90 %. Hinzu kommen Portale wie T-Online, GMX, AOL, Web.de oder Freenet, die ebenfalls die Google-Suche anbieten.

Besonders beachtlich ist Googles enormer Erfolg, wenn man bedenkt, dass es bereits vorher gut am Markt etablierte Suchmaschinen gab (u. a. Lycos, Altavista und Yahoo). Den First Mover-Bonus hatte Google also nicht. Die Google-Gründer gingen aber mit zwei entscheidenden Neuerungen in den Markt: Erstens einer sehr aufgeräumten Website, die sich stark von überladenen Suchportalen wie Yahoo unterschied und die Nutzung deutlich vereinfachten. Vor allem aber spielte der überlegene Suchalgorithmus eine große Rolle.

Während die bestehenden Suchdienste nur die gelisteten Websites auf Merkmale wie Text, Suchbegriff-Vorkommen oder Seitentitel untersuchten, um ein Ranking zu ermitteln, hatten die Google-Gründer die Idee, auch abseits der Website liegende Faktoren mit einzubeziehen, insbesondere die Verlinkungsstruktur. Ein Link entspricht einer Empfehlung, die die linkgebende Seite der verlinkten Seite ausspricht. Aus der Anzahl dieser Empfehlungen lässt sich algorithmisch berechnen, wie wichtig und relevant eine Website ist. Das Ergebnis dieses revolutionären Algorithmus waren deutlich bessere und weniger spamverseuchte Suchergebnisse, die Google schnell den Weg zur Marktführerschaft ebneten.

Google hat den Suchalgorithmus seither tausende Male angepasst, verbessert, modernisiert und schlauer gemacht. Die meisten Tricks der Suchmaschinenoptimierung aus früheren Jahren funktionieren heute nicht mehr. Gleichzeitig hat Google sein Produktportfolio beeindruckend ausgebaut. Die eigentliche Suchmaschine ist heute nur noch ein Teilaspekt des Konzerns, der unter anderem Google Mail, YouTube, Google Maps, Google Analytics, Android, Chrome, Chrome iOS, den Google Play Store oder eine komplette Office- und Cloud-Anwendung umfasst (Google Docs, Google Drive). Aber auch was Unternehmensaufkäufe und Aktivitäten abseits der Online-Welt angeht, ist Google fleißig: So wurden in den letzten Jahren zum Beispiel der Handyhersteller Motorola aufgekauft (und mittlerweile teilweise wieder verkauft), eigene Internet- und TV-Zugänge angeboten (Google Fiber, Project Loon), ein Robotikunternehmen gekauft (Boston Dynamics) oder ein Unternehmen für künstliche Intelligenz übernommen (DeepMind). Auch Akquisitionen im Bereich Raum- und Luftfahrt sowie der Haustechnik lassen erahnen, dass Google deutlich mehr sein will als eine Suchmaschine.

Kritik an Google besteht vor allem aufgrund der in manchen Bereichen absolut marktbeherrschenden Stellung, der überwiegenden Intransparenz und natürlich datenschutzrechtlicher Fragestellungen. Allein durch die Tracking-Funktionen von Android-Handys, dem Social Network Google+ und der Webanalyse-Software Google Analytics häufen sich enorme Datenmengen an, die kaum einer Kontrolle oder Transparenz unterliegen.

Tipp 5: Google-Suchbefehle ausschöpfen

Nahezu jeder Internetnutzer hat bereits einmal oder öfter eine Suchabfrage mit Google durchgeführt. Meist ist Google sogar der zentrale Anlaufpunkt im Internet. Doch die wirkliche Funktionsvielfalt der Google-Suche schöpft kaum jemand aus. Denn Google hat die Erläuterungen zu den einzelnen Möglichkeiten auch recht gut versteckt. Die wichtigsten Befehle will ich Ihnen hier aber mitgeben.

Anführungsstriche: Immer, wenn Sie mehrere zusammenhängende Worte, wie Vor- und Nachname oder Firmennamen und Geschäftsform suchen möchten, sollten Sie beide Begriffe in Anführungsstriche setzen. Denn eine Suche nach „Markus Müller" liefert nur Treffer, bei denen beide Worte direkt und in dieser Reihenfolge zusammenstehen. Ohne Gänsefüßchen würde Google die Worte Markus und Müller auch einzeln auf der Website finden. Dadurch erhielten Sie zwar eine große Menge, dafür aber überwiegend unverwertbare Informationen.

Tipp 5: Google-Suchbefehle ausschöpfen

Minus: Vielleicht möchten Sie etwas zum Thema Golf suchen, meinen damit aber die Sportart und nicht das Auto. Dann können Sie Ihre Suchergebnisse verbessern, indem Sie negative Worte hinzufügen. Das tun Sie, indem Sie die auszuschließenden Worte mit einem vorangestellten Minus mit in den Suchschlitz schreiben:

Golf –VW –Auto –Volkswagen

Sternchen: Das Sternchen (*) fungiert bei Google als Lückenfüller. Vielleicht suchen Sie etwas über einen Chief Irgendwas Officer, wobei Ihnen die genaue Bezeichnung nicht mehr einfällt. Dann könnte ihre Suchanfrage folgenden String beinhalten:

*Chief * Officer*

Site: Mit der Site-Abfrage können Sie nach beliebigen Begriffen suchen, aber eingeschränkt auf spezifische Websites. Das bietet sich immer dann an, wenn Websites keine oder nur eine schlecht funktionierende Suchfunktion haben, wie es zum Beispiel bei Facebook oder XING der Fall ist. Angenommen, Sie wollen also nach Personen, Seiten oder Beiträgen auf Facebook suchen, die sich um die (fiktive) Firma Laborausstattung Hagemeier drehen, würde Ihre Suchanfrage lauten:

site:facebook.com „Laborausstattung Hagemeier"

Inurl: Der inurl-Befehl ermöglicht es Ihnen, Ihre Suchanfrage auf Websites zu beschränken, die in ihrer Seitenadresse ein bestimmtes Wort tragen. Wenn Sie nach Blogs suchen, in denen es um die Hannover Messe 2015 geht, wäre Ihre Suchanfrage:

Inurl:blog „Hannover Messe 2015"

Besonders wertvoll ist auch der Suchbefehl „inurl:forum", mit dem man die Suche auf Seiten einschränken kann, die das Wort „Forum" in der Adresszeile tragen.

Allintext: Mit dem Suchoperator „allintext" beschränken Sie Ihre Suche auf den Textteil von Websites. Elemente wie Seitentitel, Adresse, Domain etc. werden ausgeschlossen. Eine Suchabfrage könnte also zum Beispiel so aussehen:

allintext:Quartalszahlen Daimler

filetype: Die filetype-Suche begrenzt Ihre Suche auf bestimmte Dateitypen. Oft sucht man zum Beispiel nur nach PDF-Dateien (z. B. bei Bedienungsanleitungen oder ähnlichen Dokumenten) oder vielleicht nach Word-Dateien. Mit der filetype-Suche kein Problem:

filetype:pdfGeschäftsbericht AND Microsoft
Übrigens: Wenn Sie mal etwas Zeit haben und oder eine belustigende Ablenkung brauchen, googeln Sie mal nach filetype:pdf „Streng vertraulich" oder filetype:pdf „zur internen Verwendung"...

▶ **Website** Eine Website ist ein in sich abgeschlossener Internetauftritt, zum Beispiel eines Unternehmens oder einer Person. Merken kann man sich das mit der Übersetzung des Begriffs, nämlich „Ort im Netz". Eine Website ist über eine Domain, also die Webadresse, erreichbar.

▶ **Webseite** Verwirrend ist oft der Unterschied zwischen Website und Webseite. Eine Webseite ist eine spezifische Seite innerhalb einer Website. So ist der Internetauftritt von Adidas eine Website, das Impressum, die Startseite oder eine spezifische Artikelseite sind dagegen Webseiten.

▶ **Homepage** Die Homepage schließlich ist die Startseite einer Website. Umgangssprachlich werden Website und Homepage oft synonym benutzt. Genau genommen ist das aber falsch, da die Homepage mit Startseite klar definiert ist.

Tipp 6: Mit Google in Facebook-Posts und Kommentaren suchen

Mit einer bestimmten Form der oben genannten Suchstrings kann man auch gezielt nur in Facebook-Posts oder Facebook-Kommentaren suchen. Das kann zum Beispiel dann sinnvoll sein, wenn Sie sich ein Bild von der Meinungslage zu einem Thema machen wollen oder einen Beitrag wiederfinden möchten, den Sie bei Facebook gelesen haben, ihn aber jetzt partout nicht mehr finden.

▶ **Post** Als Post wird ein abgeschickter bzw. geschriebener Beitrag im Social Web bezeichnet. In manchen Diensten tragen Posts spezielle Namen, so zum Beispiel bei Twitter („Tweet") oder Pinterest („Pin"). Gemeint ist aber immer das Gleiche.

Um die Suche auf Facebook-Posts einzuschränken, verwenden Sie folgenden Suchstring:

„SUCHBEGRIFF" site:facebook.com/*/posts
Wenn Sie nur in Kommentaren suchen möchten, geben Sie folgendes ein:
„SUCHBEGRIFF" site:facebook.com/*/posts AND „comment_ID"

Tipp 7: Mit Google in (Fach-)Büchern und wissenschaftlichen Veröffentlichungen suchen

Google bietet neben dem Web-Index noch einige weitere, extrem wertvolle Suchindizes an. Besonders hervorzuheben ist die Google-Büchersuche (https://books.google.de/). In dieser Online-Bibliothek hat Google Millionen von Büchern und Zeitschriften digitalisiert, die sich auszugsweise oder sogar im Volltext durchsuchen lassen.

▶ **Index** Ein Index ist vereinfach gesagt eine Datenbank mit sortierten Informationen. Der Google-Index umfasst sämtliche Websites, die von Google erfasst und Google daher bekannt sind. Eine Seite, die nicht im Google Index enthalten ist, kann auch nicht in den Suchergebnislisten angezeigt werden. Google verfügt neben dem Web-Index über zahlreiche weitere Indizes, zum Beispiel den Bücher-Index, einen Video-Index, einen Bilder-Index oder einen News-Index.

Wenn es etwas wissenschaftlicher sein soll, bietet sich Google Scholar an (https://scholar.google.de/). Hier sucht Google speziell in wissenschaftlichen Veröffentlichungen, wenngleich auch einige Überschneidungen mit Google Books nicht zu vermeiden sind.

Tipp 8: Google-Suche zeitlich eingrenzen

Google liefert zwar tolle Ergebnisse, aber nicht unbedingt in chronologischer Reihenfolge. Die Ergebnisse werden nach „Relevanz" sortiert. Das kann, muss aber nicht die zeitliche Dimension mit einbeziehen. Im Klartext bedeutet das: Wenn Sie nur Ergebnisse aus einem bestimmten Zeitraum oder nur die neuesten Ergebnisse brauchen, müssen Sie tiefer graben.
   Hier hilft die Einschränkung des Suchzeitraums weiter (s. Abb. 1). Dazu können Sie bei Google nach dem Suchen in der dann erscheinenden Unter-Navigation auf „Beliebige Zeit" klicken. Dort können Sie den gewünschten Zeitraum definieren, in dem Google nach Seiten mit Ihrem Suchbegriff suchen soll.

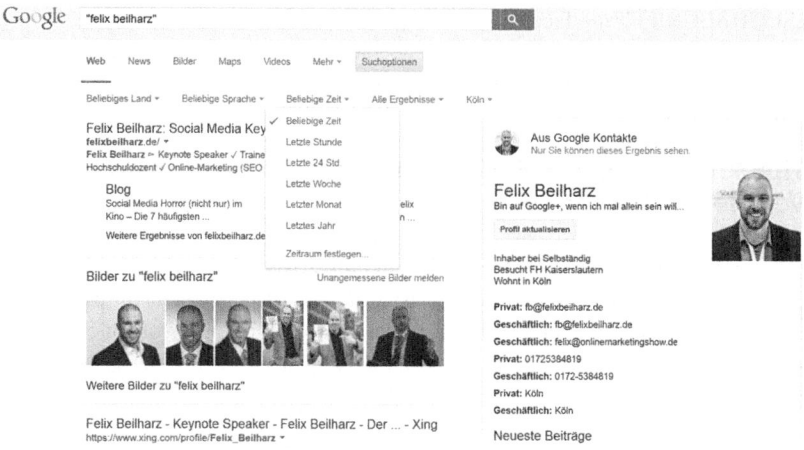

Abb. 1 Google-Suche zeitlich eingrenzen

Tipp 9: Herausfinden, was andere suchen

Jeden Tag werden bei Google ca. vier Milliarden Suchanfragen eingetragen. Da wäre es doch interessant zu wissen, was die anderen so suchen. So lassen sich zum Beispiel Trends erkennen und Verhaltensweisen der Menschen untersuchen.

Auch hierfür gibt es ein passendes Tool: Google Trends (http://www.google.de/trends). Google Trends macht nämlich genau das. Es zeigt Ihnen den zeitlichen Verlauf von Suchanfragen bei Google, YouTube und anderen Google-Diensten an (s. Abb. 2).

Wenn Sie Google Trends aufrufen, liefert Google Ihnen die aktuell am häufigsten gesuchten Begriffe aus. Meist sind das Themen, die Sie bereits aus den Medien und Nachrichten kennen. Manchmal finden Sie dort aber auch interessante News, die im Netz zwar besprochen werden, die Ihnen aber komplett durchgerutscht sind.

In das Suchfeld können Sie nun aber auch eigene Suchbegriffe eintragen. Google zeigt Ihnen dann den historischen Suchverlauf an, den Sie wiederum auf bestimmte Länder oder spezifische Zeitabschnitte begrenzen können. Sie haben sogar die Möglichkeit, verschiedene Begriffe miteinander zu vergleichen.

Wichtig zu wissen ist, dass Google hier keine absoluten Suchzahlen ausliefert. Mit Google Trends erfahren Sie also nicht, wie oft Menschen tatsächlich nach

Tipp 10: Google-Alternativen nutzen

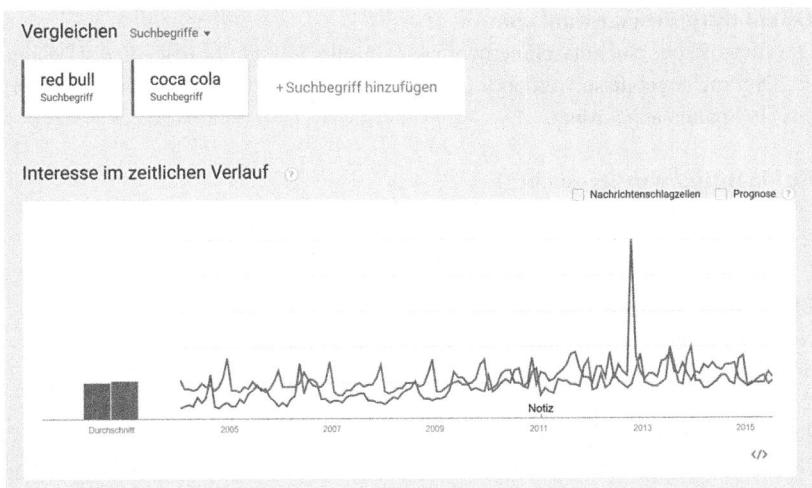

Abb. 2 Vergleich der Suchhistorie zwischen „Red Bull" und „Koka Cola" – die Auswirkung des Stratosphären-Sprungs ist deutlich zu erkennen

einem Begriff suchen. Stattdessen handelt es sich nur um Indexwerte. Google nimmt den höchsten Wert in der Periode, macht daraus den Wert 100 und berechnet dann eben verhältnismäßig alle anderen Punkte. Gut für den Zeitvergleich oder den Vergleich mit anderen Begriffen, aber eben nicht geeignet, um tatsächliche Suchzahlen zu ermitteln.

Tipp 10: Google-Alternativen nutzen

Es muss tatsächlich nicht immer Google sein. Neben dem Marktführer existieren nämlich noch unzählige andere Suchmaschinen, vor allem aber auch sehr spezialisierte Suchsysteme. Manche davon sind für spezifische Suchen oft besser geeignet als Google. Einige der Google-Konkurrenten und der speziellen Suchmaschinen stelle ich Ihnen hier vor.

DuckDuckGo (http://www.duckduckgo.com)
Allgemeine Suchmaschine, deren Hauptvorteil es ist, dass sie keine Daten speichert, die Nutzer nicht „verfolgt" und auch keine personalisierte Werbung einblendet.

Qwant (http://www.qwant.com)
Die französische Suchmaschine hebt sich vor allem durch ihr besonderes Design ab. Die Suchergebnisse werden u. a. nach Treffertyp (Netz, News, Social Media, etc.) in Spalten angeordnet.

Ecosia (http://www.ecosia.org)
Ökologische Suchmaschine, die einen Großteil der Werbeeinnahmen in Umweltschutzprojekte investiert.

Blinde Kuh (http://www.blinde-kuh.de)
Nicht-kommerzielle Suchmaschine speziell für Kinder. Nur jugendfreie und geprüfte Inhalte.

Jameda (http://www.jameda.de)
Große deutsche Arztsuchmaschine mit mehr als 5,5 Millionen Nutzerbewertungen für über 270.000 Ärzte.

Wer liefert was (http://www.wlwonline.de)
Große deutsche Zulieferersuche, insbesondere im B2B-Markt. Gesucht werden kann nach Firmennamen oder Produkten bzw. Dienstleistungen.

Yasni (http://www.yasni.de)
Personensuchmaschine, die Informationen über Personen aus dem Internet zusammensammelt und aufbereitet. Oft wenig hilfreich, aber ein Blick lohnt sich manchmal doch.

Meinestadt.de (http://www.meinestadt.de)
Umfangreiches Portal für lokale Angebote aus über 11.000 deutschen Städten, z. B. Jobangebote, Veranstaltungen, Adressen oder Kleinanzeigen.

Monster (http://www.monster.de)
Deutscher Ableger der internationalen Job-Suchmaschine.

DaWanda (http://de.dawanda.com)
Suchmaschine und Anbieterplattform für alle Arten von selbst gemachten Produkten, zum Beispiel Kleidung, Schmuck, Accessoires etc.

Häufig lohnt sich bei kommerziellen (Shopping-)Anfragen auch eine Suche in den großen Plattformen wie Amazon (http://www.amazon.de), Ebay (http://www.ebay.de), Redcoon (http://www.redcoon.de) oder Rakuten (http://www.rakuten.de).

Tipp 11: Die Twitter-Suche nutzen

Für aktuelle Themen, Ereignisse und Veranstaltungen aller Art hat sich Twitter als der führende Echtzeit-Kommunikationskanal herauskristallisiert. Wenn Sie also wissen möchten, was die Netzgemeinde zu einem Thema (auch z. B. zu einer TV-Sendung oder einem aktuellen Ereignis) zu sagen hat, sollten Sie einen Blick in die Twitter-Suche werfen.

Twitter in Kürze
Twitter gehört zu den ältesten Social Media Diensten. Vom Funktionsprinzip her ist es eine Mischung aus Social Network, Blog und Kurznachrichtendienst, weshalb ihm oft die Kategorie „Microblog" zugesprochen wird. Grundkonzept des Dienstes ist die Beschränkung auf 140 Zeichen pro Mitteilung, was einen nachhaltigen Einfluss auf die Kommunikationsweise im Social Web hatte. Weltweit nutzen rund 304 Millionen Menschen den Dienst aktiv (Statista 2015).

Twitter erfreut sich bei verschiedenen Nutzergruppen hoher Beliebtheit. Neben jungen, medienaffinen Menschen nutzen auch zahlreiche ältere, berufstätige Personen den Dienst. Insbesondere in mediennahen Berufen spielt Twitter eine wichtige Rolle. Blogger und Journalisten nutzen Twitter gerne, um sich über Aktuelles auf dem Laufenden zu halten.

Für Unternehmen gibt es im Gegenzug zu Facebook keine spezielle Art von Accounts – alle Twitternutzer verfügen über die gleichen Funktionen und Einstellungen, egal ob Privatperson oder Konzern.

Die überwiegend mobile Nutzung, die starke Beschränkung auf 140 Zeichen und die ungefilterte Darstellung der aktuellen Nachrichten („Tweets") hat dazu geführt, dass Twitter zum wichtigsten Echtzeit-Kommunikationskanal geworden ist. Aktuelle Geschehnisse werden meist sofort und zuerst auf Twitter kommuniziert, bevor sie in anderen Social Networks auftauchen. Das gilt auch für die so genannte Second Screen-Nutzung, also das parallele Verwenden von mobilen Endgeräten zum TV-Gerät. TV-Sendungen wie der Tatort, Politsendungen wie Menschen bei Maischberger oder Anne Will und Unterhaltungsformate wie Frauentausch oder das Dschungelcamp werden regelmäßig bei Twitter diskutiert und kommentiert – noch während die Sendungen laufen.

Bei Twitter spielen Hashtags (#) eine große Rolle. Tatsächlich war Twitter der erste Social Media-Kanal, der Hashtags mit der speziellen Verlinkungsfunktion eingeführt hat. Mittlerweile blenden viele TV-Sendungen einen Hashtag in der Ecke des Fernsehers ein, um den Austausch über die Inhalte bei Twitter anzuregen.

Twitter hatte es bis Juli 2015 jedoch immer noch nicht geschafft, schwarze Zahlen zu schreiben. Der Verlust im ersten Quartal 2015 betrug 148 Millionen Euro. Übernahmegerüchte, aber auch eine drohende Pleite, ranken sich seit Jahren um den Kurznachrichten-Dienst.

Die Twitter-Suche können Sie auch ohne eigenen Twitter-Account nutzen. Besuchen Sie hierfür https://search.twitter.com und klicken Sie dort unter dem Suchfeld auf „erweiterte Suchanfrage". Dann können Sie verschiedene Suchoperatoren verwenden und Felder kombinieren, die Ihre Suchergebnisse deutlich besser eingrenzen und Ihnen so gezieltere Informationen liefern (s. Abb. 3). Zum Beispiel können

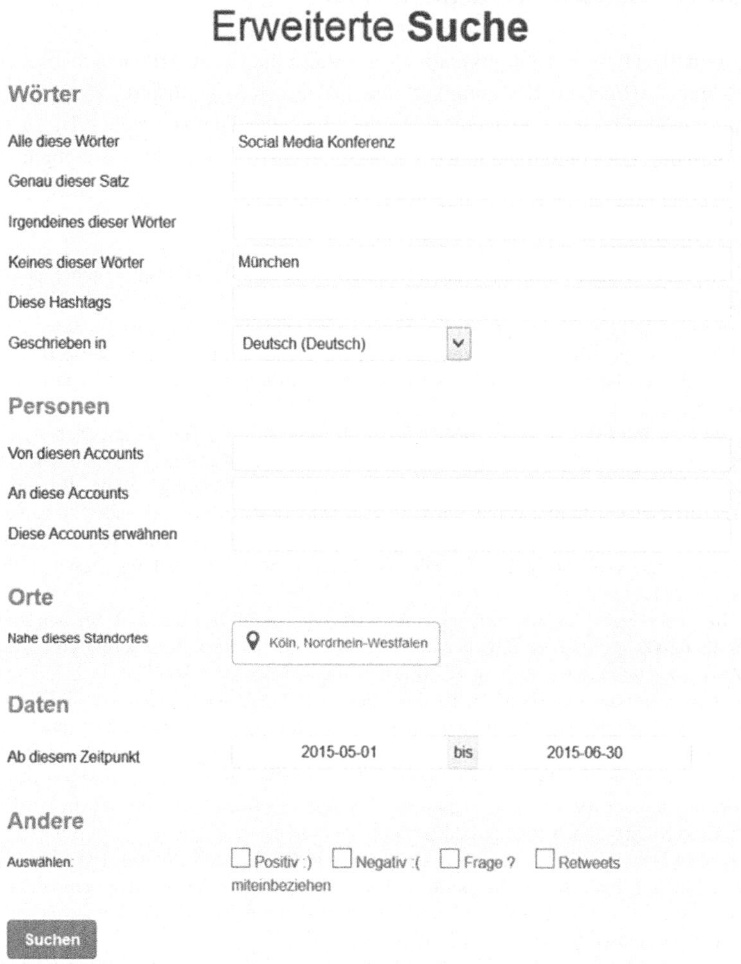

Erweiterte Suche

Wörter

Alle diese Wörter	Social Media Konferenz
Genau dieser Satz	
Irgendeines dieser Wörter	
Keines dieser Wörter	München
Diese Hashtags	
Geschrieben in	Deutsch (Deutsch)

Personen

Von diesen Accounts	
An diese Accounts	
Diese Accounts erwähnen	

Orte

Nahe dieses Standortes	⚲ Köln, Nordrhein-Westfalen

Daten

Ab diesem Zeitpunkt	2015-05-01	bis	2015-06-30

Andere

Auswählen: ☐ Positiv :) ☐ Negativ :(☐ Frage ? ☐ Retweets miteinbeziehen

[Suchen]

Abb. 3 Erweiterte Twitter-Suche

Sie nur Tweets in einer bestimmten Sprache, von einem bestimmten Absender, in einem bestimmten geografischen Raum oder in einem bestimmten Zeitraum suchen. Sie können auch mit kombinierten oder ausschließenden Suchbegriffen arbeiten oder die Stimmung der Beiträge eingrenzen (was jedoch aktuell nur leidlich gut funktioniert).

Tipp 12: Über wichtige Personen bei Twitter auf dem Laufenden bleiben

Twitter eignet sich hervorragend, um sich über Themen, Geschehnisse oder Personen/Unternehmen zu informieren. Häufig folgt man einfach den Accounts, die man interessant findet.

▶ **Follower** In manchen Social Media Diensten nennt man die Personen, die einen Account abonniert haben, Follower, so z. B. bei Twitter oder LinkedIn. Bei Facebook heißen die Follower umgangssprachlich „Fans", bei YouTube „Abonnenten". Das Prinzip ist aber immer ähnlich: Durch Klicken auf den entsprechenden Button wird man zum Follower und abonniert damit alle neuen Beiträge, die dann potenziell im eigenen News-Bereich angezeigt werden.

Es gibt aber Fälle, da will man einem Account einfach nicht folgen. Denn die Follower eines Accounts sind für alle sichtbar, sowohl für die Öffentlichkeit als auch für den Gefolgten. Und vielleicht wollen sie ja Ihre Wettbewerber beobachten, sich über eine politisch kritische Partei informieren oder sonstige Recherchen durchführen, ohne dass das nach außen sichtbar ist.

In diesem Fall eignen sich Twitter-Listen ganz hervorragend. Sie können Accounts in Listen einsortieren und dann dieser Liste folgen. Dann sehen Sie alle Tweets der in der Liste enthaltenen Accounts, ohne den Accounts selbst folgen zu müssen.

Bei den Listen haben Sie zwei Möglichkeiten: Sie können die Listen öffentlich oder versteckt anlegen. Öffentlich bedeutet, jeder kann die Listen und die darin enthaltenen Accounts sehen. Auch die enthaltenen Accounts selbst erhalten eine Nachricht, dass sie in die Liste gelegt wurden. Gut, wenn Sie auf sich aufmerksam machen wollen.

Die privaten bzw. versteckten Listen eignen sich dann, wenn Sie genau das vermeiden wollen. Diese Listen sind nur für Sie selbst sichtbar. Niemand erfährt davon, auch nicht die Accounts, die Sie in die Listen legen. Perfekt für versteckte Beobachtung interessanter Personen und Unternehmen.

Tipp 13: Interessante Personen mit der XING-Suche finden

Auch das Business-Netzwerk XING bietet eine sehr nützliche und umfangreiche Suchfunktion, die allerdings nur angemeldeten Premium-Nutzern zur Verfügung steht (s. Abb. 4). Wenn XING für Sie ein Thema ist (mehr dazu später in diesem Buch), sollten Sie sich aber ohnehin für einen Premium-Account entscheiden.

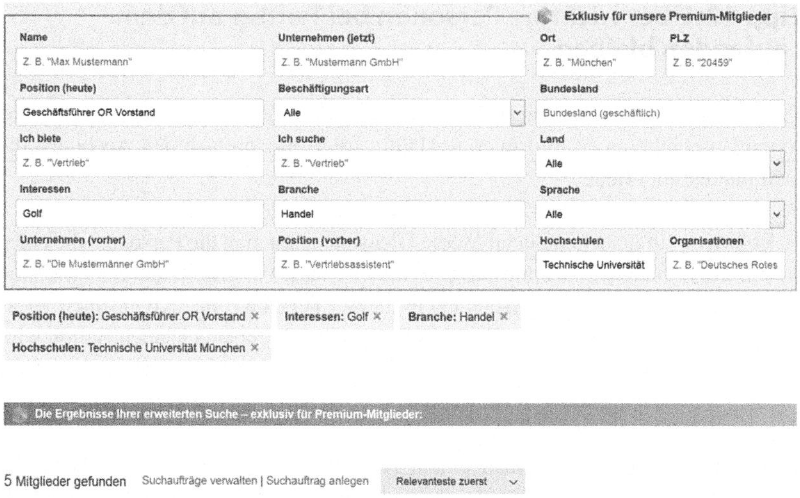

Abb. 4 Erweiterte XING-Personensuche

Gemäß der Ausrichtung des Netzwerks ist die Suche deutlich Business-lastiger als zum Beispiel bei Facebook und Twitter. So lässt sich die Suche zum Beispiel nach aktuellen oder bisherigen Positionen, Branche, besuchter Hochschule oder Art der aktuellen Beschäftigung eingrenzen.

Besonders interessant ist auch die Suche nach „Ich biete" und „Ich suche". Viele XING-Nutzer tragen hier berufliche oder private Interessen ein. Wenn Sie also zum Beispiel jemanden suchen, der als Geschäftsführer oder im Vorstand im Handel arbeitet, auf der gleichen Hochschule wie Sie war und Golf spielt, ist das mit der XING-Suche kein Problem.

Tipp 14: Facebook Graph Search für die Recherche nutzen

Kaum eine Suchfunktion ist so umfangreich und ausgefeilt wie die von Facebook – wenn man sie richtig einzusetzen weiß. Die wirklich interessanten Funktionen gibt es allerdings nur in der englischsprachigen Version des Social Networks. Hierfür müssen Sie in Ihren Account-Einstellungen Facebook auf die Sprachversion „Englisch (US)" umstellen. Dadurch ändert sich nur Ihre Benutzeroberfläche, an Ihren alten oder zukünftigen Beiträgen findet keine Änderung statt. Auch für Ihre Kontakte bleibt alles beim Alten.

Sie haben aber jetzt Zugriff auf die so genannte **„Graph Search"**, indem Sie spezielle Suchbegriffe in das Suchfeld eingeben. Es lassen sich bis zu drei Suchbefehle kombinieren. Damit lässt sich schon eine ganze Menge herausfinden. Beginnen Sie mit einfachen Suchabfragen wie:

- People who live in Berlin
- People who like Springer Gabler
- Restaurants in Cologne
- People who work at Deutsche Telekom

Dann können Sie auch Abfragen kombinieren. Hier müssen Sie teilweise hartnäckig weiterprobieren, wenn es nicht auf Anhieb funktioniert. Die Bandbreite der möglichen Abfragen ist aber gigantisch. Ich liste Ihnen hier ein paar interessante Suchabfragen auf, mit denen Sie weiter experimentieren können:

- Myfriendswho live in Frankfurt (wenn Sie zum Beispiel beruflich in der Stadt sind und den Abend nicht allein verbringen möchten)
- Groups ofpeoplewho like Rolling Stones and live in Hamburg (um Facebook-Gruppen von Gleichgesinnten zu finden)
- Favoriteinterestsofpeoplewho like Marketing andvisiteddmexco (um mehr über Zielgruppen zu erfahren und interessante Themen bei Facebook zu entdecken)
- Videos likedbypeoplewho like Vodafone Deutschland (um interessante Videos zu entdecken)
- Pages likedbypeoplewho like Felix Beilharz (um interessante Seiten bei Facebook zu entdecken)
- Journalistswho live in Cologne (um nach relevanten Journalisten zu suchen)

Die Fülle an möglichen Suchanfragen ist wirklich enorm. Unter http://bit.ly/graph-search-tipps finden Sie einen guten (englischsprachigen) Blogbeitrag mit zahlreichen Vorschlägen für Suchanfragen. Es dürfte aber noch weitaus mehr geben. Experimentieren Sie einfach ein wenig.

Tipp 15: Noch mehr über Personen herausfinden

Dieser Tipp grenzt durchaus an „Stalking", zeigt aber, wie transparent man im Internet teilweise ist. Gleichzeitig soll Sie der Tipp daran erinnern, nur das öffentlich zu posten, was Sie wirklich auch öffentlich im Netz über sich sehen wollen.

Das Tool http://bit.ly/facebook-fbi wurde angeblich von einem ehemaligen FBI-Ermittler entwickelt. Im Prinzip greift das Tool auf die gleichen Funktionen zurück wie die Graph Search aus dem vorherigen Tool. Sie können dort entweder nach den Interessen einer bestimmten Person suchen oder Personen finden, die bestimmte Eigenschaften haben. Zum Beispiel lassen sich alle Orte anzeigen, die eine Person besucht (und auf Facebook davon erzählt) hat, alle geliketen Videos, alle öffentlichen Kommentare, alle Gruppen, in denen sie Mitglied ist und so weiter. Je mehr die Person öffentlich auf Facebook tut, desto mehr lässt sich auch auswerten.

Nehmen Sie einfach mal eine Person aus Ihrem Umfeld, die bei Facebook aktiv ist und suchen Sie mit dem FBI-Tool nach den diversen Eigenschaften – Sie werden erstaunt sein, was sich alles herausfinden lässt.

Tipp 16: In Slideshare-Präsentationen recherchieren

Slideshare (http://www.slideshare.net) ist die größte Sammlung von Powerpoint-Präsentationen und PDF-Dokumenten im Netz. Der Dienst fällt in die Kategorie „Content Management Platform". Millionen von Nutzern veröffentlichen dort ihre Präsentationen. Damit wird SlideShare auch zu einer idealen Recherchequelle, zumal Sie zum Suchen kein Konto benötigen.

Suchen können Sie einfach über das Suchfeld oben. Slideshare zeigt Ihnen dann alle Treffer sortiert nach einem internen Relevanzalgorithmus an.

Innerhalb der Suchergebnisse können Sie weiter eingrenzen. Vor allem lassen sich der Zeitraum, in dem das Dokument hochgeladen wurde, die Art des Inhalts (Präsentation, PDF, Video etc.) und die Sprache eingrenzen (s. Abb. 5).

Wenn Sie eine interessante Präsentation gefunden haben, zeigt Slideshare Ihnen daneben auch noch weitere, ähnliche oder passende Dokumente an. So finden Sie zu jedem Thema Informationen, die Sie in eigenen Präsentationen einbauen oder zum Beispiel in Ihrem Blog verwenden können.

Tipp 17: Recherchieren in Wikipedia

Der Wikipedia-Aufbau ist mit ein bisschen Erfahrung relativ selbsterklärend. Jeder Artikel wird mit einer kurzen Einleitung eröffnet und dann nach einem Inhaltsverzeichnis in die Tiefe geführt. Wo notwendig, werden Informationen im Text mit Quellen belegt. Per Klick auf die hochgestellte Zahl gelangt man ans Ende des Artikels, wo die Quellenangaben zu finden sind.

Tipp 17: Recherchieren in Wikipedia

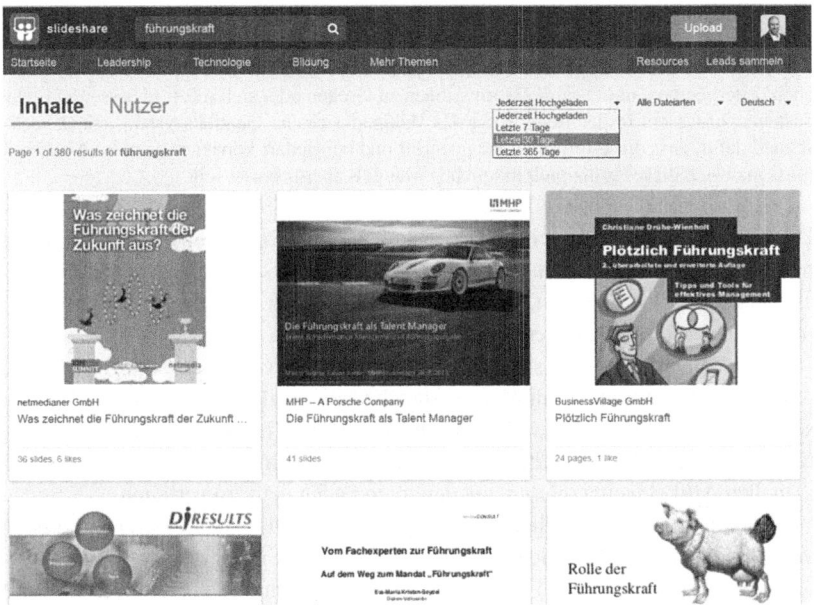

Abb. 5 Suche eingrenzen bei Slideshare

Wikipedia

Wikipedia kennt mittlerweile wohl jeder Internetnutzer. Seit der Begründung im Jahr 2001 hat sich das Lexikon zu einer der meistbesuchten Websites der Welt gemausert. Auch bei Google dominiert Wikipedia. Für 90% aller Suchbegriffe rankt mindestens ein Wikipedia in den Top 3-Suchergebnissen. Kaum vorstellbar also, dass jemand noch nie mit Wikipedia in Kontakt gekommen wäre.

Wikipedia stellt, allen Unkenrufen zum Trotz, tatsächlich eine hervorragende Quelle für Recherchen aller Art dar. In verschiedenen Medienberichten wurde die Zuverlässigkeit der enthaltenen Informationen angezweifelt. Fakt ist aber: Bereits 2005 hat die Wissenschaftszeitschrift „Nature" bestätigt, dass Wikipedia nicht fehleranfälliger als die EncyclopaediaBritannica sei. Und sowohl Qualität als auch Umfang haben sich seitdem deutlich verbessert.

Die hohe Qualität wird gerade durch die Tatsache sichergestellt, dass prinzipiell jeder mitschreiben kann. Fehler werden so relativ schnell erkannt und ausgebessert. Allerdings muss dazu gesagt werden, dass bei Wikipedia regelmäßig tätige Editoren höhere Verfügungsgewalt über die Inhalte haben und es so zu einer gewissen Verzerrung kommen kann. Jedoch eben nicht in größerem Umfang als bei einem gewöhnlichen Lexikon auch.

Wikipedia ist in über 280 Sprachen verfügbar. Allein auf Deutsch sind 1,8 Millionen Artikel verfügbar. Was als Wikipedia-relevant gilt, unterliegt dabei strengen Kriterien. Was nicht für die Allgemeinheit als wichtig erachtet wird, wird auch nicht in Wikipedia aufgenommen.

Ein bekanntes Problem des Wikipedia-Projekts sind bezahlte Schreiber, die Artikel im Sinne der sie beauftragenden Unternehmen erstellen oder ändern. Wenn das nicht erkannt wird, können solche manipulierten Einträge jahrelang online stehen. Auf diese Weise versuchen Unternehmen, unliebsame Informationen zu löschen oder sich selbst in besserem Licht dastehen zu lassen. In der Regel sorgt das Wikipedia-eigene Qualitätssystem jedoch recht schnell dafür, dass diese Informationen geprüft und bei Bedarf korrigiert werden. Als Leser muss man sich dieses prinzipiell möglichen Mangels aber bewusst sein.

Die Quellenangaben sind einer der größten Vorteile von Wikipedia, da sich genannte Informationen hier selbst verifizieren lassen und eine tiefergehende Recherche stattfinden kann. Selbst Menschen, die Wikipedia kritisch gegenüberstehen, müssen den Wert der Quellensammlungen anerkennen.

Wikipedia arbeitet sehr stark mit Querverlinkungen zu anderen Artikeln. Alle relevanten Worte werden mit den entsprechenden Artikeln verlinkt. Hier besteht schnell die Gefahr, sich zu verlieren. Empfehlenswert ist es daher, eventuell interessante, weiterführende Artikel in neuen Tabs zu öffnen und dann erst mal im aktuellen Artikel weiterzulesen, um den roten Faden nicht zu verlieren.

Besonders relevant für die Recherche und gleichzeitig einer der großen Vorteile von Wikipedia ist die Möglichkeit, vorherige Versionen eines Beitrags sowie eventuelle Diskussionen ansehen zu können (s. Abb. 6). Immer, wenn ein Beitrag geändert und die Änderung freigegeben wird, wird die alte Version ebenfalls abgespeichert. So lässt sich die Historie eines Beitrags lückenlos nachverfolgen. Gerade bei umstrittenen Themen bietet Wikipedia so die nötige Transparenz. Die Diskussion und Versionsgeschichte lassen sich bei jedem Artikel mit den Links ganz oben aufrufen.

Abb. 6 Wikipedia-Artikelhistorie zu einem umstrittenen Thema

Wer sich allgemein weiterbilden will, kann das bei Wikipedia auch tun. Auf der Startseite von Wikipedia (https://de.wikipedia.org/) werden aktuell relevante Informationen zusammengestellt, zum Beispiel Themen aus den Nachrichten, verlinkt mit den jeweiligen weiterführenden Lexikoneinträgen, oder historische Geschehnisse des jeweiligen Tages. Jeden Tag bietet Wikipedia auf der Startseite auch einen Artikel des Tages an, der meist einen aktuellen Bezug hat.

Tipp 18: Alte Versionen von Websites ansehen

Websites ändern sich von Zeit zu Zeit. Und manchmal kann es ganz spannend oder wichtig sein, zu wissen, was auf einer Website früher mal zu sehen war. Auch dafür gibt es in vielen Fällen eine Lösung: die WayBackMachine. Unter http://www.archive.org speichert eine Non-Profit-Organisation regelmäßig aktuelle Stände von vielen Milliarden Websites ab. Bei kleineren Seiten geschieht das nur alle paar Monate, bei großen und stark frequentierten Seiten deutlich häufiger, oft sogar täglich.

Wollen Sie also wissen, was im Januar 2003 bei Spiegel Online zu lesen war? Dort erfahren Sie es. Wie sah die Website Ihres Arbeitgebers früher mal aus? Das Archive verrät es Ihnen. Welche Preise galten in einem Online-Shop vor einem Jahr? Hier finden Sie die Antwort.

Nicht alle Funktionen auf Websites funktionieren auch im Archive noch perfekt. Manchmal werden Bilder oder Layout-Elemente nicht gefunden. Aber prinzipiell ist das Archive eine tolle Sache, um alte Websites wieder aufleben zu lassen (s. Abb. 7).

Tipp 19: Den Inhaber von Domains herausfinden

Im Rahmen Ihrer Recherchen finden Sie hoffentlich Websites, die Ihnen weiterhelfen. Im Impressum der Seiten finden Sie meist auch heraus, wer diese Seite betreibt. Manchmal ist aber, entgegen deutschem Recht, kein Impressum vorhanden. Oder die Domain ist zwar registriert, verfügt aber über keinen Inhalt. Oder Sie möchten das, was Sie im Impressum finden, verifizieren.

▶ **Domain** Die Domain ist die Adresse, unter der ein Webauftritt zu erreichen ist. Deutschebank.de, Whitehouse.gov oder Spiegel.de sind zum Beispiel Domains. Die Domain besteht aus einem relativ frei wählbaren Begriff (dem Domainnamen) und einer Endung. Die bekanntesten Domainendungen sind .de und .com, aber auch .net,

Abb. 7 Website der Bundesregierung im Februar 2004

.org oder .eu haben sich durchgesetzt. Seit 2013 werden nach und nach zahlreiche weitere Endungen freigegeben, zum Beispiel .berlin, .business, .shop oder .xxx.

Generell gilt bei der Domainvergabe: Wer zuerst kommt, mahlt zuerst. Sofern also keine Marken- oder Namensrechte verletzt werden, kann sich jeder jede beliebige freie Domain registrieren. Eine noch freie Domain kostet nichts, außer einer jährlichen Hostinggebühr beim Anbieter, die in der Regel wenige Euro pro Jahr beträgt. Allgemein beschreibende Domainnamen sind jedoch heiß begehrt und meist schon lange vergeben. Gute Namen werden zu teilweise sehr teuren Preisen gehandelt. Die Domain bluejeans.com wurde zum Beispiel für 150.000,- USD verkauft, bills.com für 964.500,- USD, business.com sogar für 7.500.000,- USD. Aber auch .de-Domains gingen für ansehnliche Preise über den digitalen L a d e n t i s c h : software.de für 235.025,- EUR und aktien.de sogar für 500.000,- EUR.

Für eine Verifizierung können Sie für de-Domains bei der Denic nachsehen, wer der Inhaber der Domain ist. Die Denic ist die deutsche zentrale Vergabestelle für Domains. Alle Provider, die de-Domains vergeben, müssen sie letztendlich selbst bei der Denic bestellen.

Auf http://www.denic.de können Sie jede beliebige de-Domain eintragen. Nach der Eingabe eines Spamschutz-Codes erhalten Sie dann die Inhaber der Domain inkl. Adresse angezeigt.

Bei internationalen Domains ist die Denic nicht zuständig. Hier können Sie sich mit http://www.whois.net behelfen. Dort finden Sie zum Beispiel die Inhaber von com-, org- oder net-Domains.

Allerdings ist hierbei zu beachten, dass z. B. com-Domains auch anonym registriert werden können. In diesem Fall werden Sie mit den whois-Suchdiensten keine Ergebnisse erzielen. Dann stoßen Sie leider ans Ende Ihrer Suche. De-Domains müssen jedoch immer über einen erkennbaren Inhaber verfügen. Allerdings kann das auch eine Limited-Gesellschaft auf den Cayman-Inseln sein. Das kommt aber zum Glück selten vor.

Tipp 20: Wichtige Blogs abonnieren

Im Rahmen Ihrer Recherchen werden Sie vermutlich früher oder später auf Blogs stoßen, die gut zu Ihrem Thema passen und hochwertige Inhalte publizieren. Um auf dem Laufenden zu bleiben, können Sie nun diese Blogs jede Woche besuchen, was aber auf Dauer recht viel Arbeit darstellt.
Stattdessen ist es viel einfacher, die RSS-Feeds der Blogs zu abonnieren.

▶ **RSS-Feeds** RSS-Feeds sind eine technische Besonderheit von Blogs. Die Blogsoftware stellt eine Art „Benachrichtigungsfunktion" zur Verfügung, die abonniert werden kann. Dafür brauchen Sie nur die Adresse dieser Funktion. Die erkennen Sie entweder an dem orangefarbenen RSS-Symbol im Blog, oder aber Sie hängen einfach an die Domain des Blogs ein /feed.xml an. Wenn dann keine Fehlerseite ausgegeben wird, haben Sie den RSS-Feed gefunden. Diesen können Sie nun abonnieren.

Für das Abonnieren eines RSS-Feeds benötigen Sie ein spezielles Programm, das man Feedreader nennt. Meine Empfehlung ist feedly (http://www.feedly.com). Feedly ist ein sehr schlankes, einfaches, aber wirkungsvolles Feedreader-Programm. Alles, was sie tun müssen, ist einen feedly-Account anzulegen und dann alle RSS-Feeds Ihrer gewünschten Blogs dort einzutragen. Dazu kopieren Sie einfach die Adresse (meist domainname.de/feed.xml oder eben per Klick auf den RSS-Button) in das entsprechende Feld.

Sobald das geschehen ist, haben Sie den RSS-Feed abonniert. Feedly prüft nun automatisch, ob es in den abonnierten Blogs etwas Neues gibt. Wenn ja, werden Ihnen die neuen Beiträge mit Überschrift und einem kurzen Teaser-Text aufgelistet. Statt also ständig zahlreiche Blogs besuchen zu müssen, sehen Sie in feedly auf einen Blick, wo es etwas Neues gibt und ob es sich lohnt, den Blog zu besuchen (was Sie dann mit einem Klick auf die Überschrift tun können). So ein RSS-Reader erleichtert die Aufgabe, auf dem Laufenden zu bleiben, enorm.

Übrigens können Sie mit RSS-Readern nicht nur Blogs abonnieren. Auch viele News-Websites, Foren und Social Networks bieten RSS-Feeds an, die Sie mit feedly abspeichern können. So wird feedly mehr und mehr zu Ihrer zentralen Anlaufstelle im Netz.

Blogs

Blogs sind Internettagebücher, so lautet zumindest die allgemeine Definition. Die Grenze zwischen Website und Blog ist fließend. Blogs sind eher dynamisch, es können laufend neue Artikel hinzugefügt werden. Die Blogsoftware zeigt die neuen Beiträge automatisch oben an und listet die älteren umgekehrt chronologisch sortiert darunter auf.

Blogs werden von Personen und Unternehmen zur Veröffentlichung von Artikeln, Fachbeiträgen oder auch Pressemitteilungen genutzt. Blogbeiträge verbreiten sich, passender Inhalt vorausgesetzt, oft sehr schnell und stark im Social Web und stellen daher eine gute Möglichkeit für PR- und Marketingmaßnahmen dar.

Prinzipiell können Blogs auf zwei Arten betrieben werden. Große Blogplattformen (wie z. B. WordPress.com oder blogger.com) bieten die Möglichkeit, einen kostenlosen Blog anzulegen und auf der Plattform zu betreiben. Da dafür kein eigener Webspace und keine Domain notwendig sind, bevorzugen viele Hobbyblogger und Privatpersonen diese Möglichkeit.

Professionellere Blogs sollten auf einer eigenen Domain betrieben werden, entweder als Website-Äquivalent oder als Teil der Website. Dafür gibt es ebenfalls kostenlose Blogsoftware (z. B. WordPress.org), die auf dem eigenen Webspace installiert werden kann.

Tipp 21: Klicks auf Links auswerten

Wäre es nicht spannend zu wissen, wie viele Besucher andere Websites so haben? Leider gibt es keine zuverlässige Möglichkeit, den Traffic von Websites, zu deren Analytics-Tools Sie keinen Zugriff haben, herauszufinden. Einige Ansätze existieren zwar, arbeiten aber nur mit Stichproben, Hochrechnungen oder Schätzungen. Genaue Aussagen über die Besucherzahlen von Fremdwebsites erhalten Sie nicht.

Sie können aber auswerten, wie oft auf bestimmte Links geklickt wird. Und zwar dann, wenn es sich um trackbare Kurzlinks handelt. Vielleicht ist Ihnen im Netz schon mal ein bit.ly-Link über den Weg gelaufen. Diese Links sehen meist sehr kryptisch aus (http://bit.ly/...), können aber auch in eine schönere Form gebracht worden sein (z. B. http://bit.ly/b2b-buch).

Bit.ly ist einer von vielen URL-Verkürzungsdiensten. Dabei handelt es sich um Dienste, mit denen lange Links, z. B. zu Blogbeiträgen, Artikeln oder Social Media Profilen, verkürzt und weitergeleitet werden. Ursprünglich waren solche Kurzlinks für Twitter gedacht. Durch die Beschränkung auf 140 Zeichen nahm ein langer

Link oft schon 50 oder mehr Zeichen Platz ein, weshalb sich Kurzlinks als gute Alternative herausgestellt haben. Mittlerweile kürzt Twitter die Links selbst, so dass diese Dienste eigentlich nicht mehr nötig wären. Sie werden aber trotzdem weiter fleißig und längst nicht nur bei Twitter genutzt.

Das Besondere an den Bit.ly-Links ist, dass die Klicks auf diese Links erfasst werden und sich auswerten lassen. Und zwar sogar dann, wenn dieser Bit.ly-Kurzlink gar nicht von Ihnen angelegt wurde. Das bedeutet, Sie können herausfinden, wie viele Klicks z. B. Wettbewerber auf ihre Bit.ly-Links erzielt haben. Immer dann, wenn Sie einen Bit.ly-Link bei Twitter, Facebook, LinkedIn oder anderen Diensten sehen, können Sie bei Bedarf kurz prüfen, wie es um den damit erzielten Traffic steht.

Das funktioniert so:

1. Markieren Sie den Bit.ly-Link.
2. Kopieren Sie ihn in die Zwischenablage (STRG+C).
3. Fügen Sie ihn in die Adresszeile des Browsers ein (STRG+V).
4. Fügen Sie ein Pluszeichen an das Ende des Links hinzu und klicken Sie auf Enter.

Nun sehen Sie die Klicks, die auf diesen Link erzielt wurden. Zusätzlich erhalten Sie einige weitere Auswertungen, z. B. wann die Klicks stattgefunden haben oder wo die Klickenden sich geografisch befanden.

Alles bisher Gesagte gilt übrigens auch für einen zweiten URL-Verkürzungsdienst, nämlich goo.gl. Dieser Dienst gehört Google und erfüllt im Prinzip die gleiche Funktion wie bit.ly. Die Links lassen sich ebenfalls durch das Anhängen eines Pluszeichens auswerten.

4 Wirkungsvolle Eigen-PR

In unserer heutigen Zeit spielt die Vermarktung der eigenen Person eine größere Rolle als jemals zuvor. „Personal Branding" hat sich als Schlagwort dafür eingebürgert. Das Google-Suchvolumen nach diesem Begriff steigt seit Jahren konstant an. Eigenmarketing hat sich aus der Nische für Egozentriker zu einem Massenthema gemausert.

Lange Zeit galt Selbstmarketing, wenn überhaupt, nur für Selbständige, Freelancer und andere Dienstleister als wichtig. Klar, wer als Einzelkämpfer am Markt aktiv ist, ist seine eigene Marke und kommt daher um professionelles Marketing nicht herum. Daran hat sich nichts geändert.

Aber immer mehr spielen Eigen-PR und Personal Branding auch für Angestellte, Manager und Führungskräfte eine Rolle. Chefs googeln gern mal, bevor sie einen Bewerber zum Gespräch einladen. Kunden machen sich ebenfalls vor einem Termin schlau. Und die Medien suchen ohnehin immer nach potenziellen Experten für Statements und Interviews. Das kommt immer auch dem jeweiligen Unternehmen zugute. Je besser Sie sich öffentlich aufstellen und vernetzen, desto eher wird auch Ihr Unternehmen wahrgenommen und erlebt einen Imagegewinn. Darin liegt eine ganz besondere Macht, die Sie nur aktivieren müssen.

Die Frage ist: Was finden diese Zielgruppen, wenn sie nach Ihrem Namen suchen? Sind Sie bereits eindeutig zu Ihrem Thema als Experte positioniert und ist diese Positionierung auch sofort erkennbar? Haben Sie sich einen gewissen Bekanntheitsgrad aufgebaut?

Genau darum geht es in diesem Abschnitt des Buches. Sie erfahren, wie Sie die digitalen Medien nutzen, um sich als Personenmarke im Netz aufzubauen. Das wird Ihnen ganz unterschiedliche Vorteile bringen, je nachdem, was Sie vorhaben. Vielleicht springt eine bessere Position für Sie dabei raus, vielleicht ein neuer Arbeitgeber, vielleicht mehr Gehalt. Vielleicht auch einfach nur interessantere Tätigkeiten oder ein größerer Verantwortungsbereich. Auf jeden Fall werden Sie von Ihrer Eigen-PR profitieren.

Damit tun Sie aber auch der Allgemeinheit etwas Gutes: Es wäre für alle interessant, mehr aus dem Leben, der Arbeit und dem Wirken von Managern, Unternehmern und Führungskräften zu erfahren. Eine Blogkultur unter Führungskräften wäre äußerst wünschenswert – zum Erfahrungsaustausch unter Gleichen, zur Motivation jüngerer Generationen und zur Dokumentation von Entwicklungen für die Nachwelt. Verstehen Sie den folgenden Abschnitt also gern als Apell für mehr Öffnung und Austausch im Netz. Zu Ihrem Nutzen und zum Nutzen aller.

Tipp 22: Die Zielgruppen und Ziele definieren

Bevor Sie sich ans Werk machen, sollten Sie sich einige Gedanken darüber machen, warum Sie überhaupt Eigen-PR betreiben und wen Sie damit ansprechen möchten.

Das hängt natürlich in erster Linie von Ihrem aktuellen Job ab und davon, wo Sie gerne noch hin oder was Sie insgesamt erreichen möchten. Zielgruppen könnten zum Beispiel sein:

- Personalleiter, höhergestellte Führungskräfte des eigenen oder eines anderen Unternehmens
- Vorstände
- Mitarbeiter
- Auszubildende
- Kunden (ehemalige, aktuelle und potenzielle)
- Investoren
- Non-Profit-Organisationen
- Politik
- Medienvertreter, Journalisten
- Allgemeine Öffentlichkeit
- Sonstige

Vielleicht fokussieren Sie sich auf eine Zielgruppe, vielleicht richten Sie sich auch gleich an mehrere. Wichtig ist in jedem Fall, dass Sie sich klar darüber sind, für wen Sie alle folgenden Maßnahmen durchführen.

Und ebenso sollten Sie sich Gedanken machen, was Sie mit Ihren Beiträgen genau erreichen wollen. Setzen Sie sich klare Ziele für Ihre Eigen-PR. Was soll dabei herauskommen? Und woran merken Sie, dass Sie das Ziel erreicht haben bzw. ihm zumindest näher gekommen sind?

Solche Ziele könnten zum Beispiel sein:

- Als Autorität für das Thema XYZ wahrgenommen zu werden.
- Als Referent auf Messen und Fachkongresse eingeladen zu werden.
- Sich im Unternehmen als Experte für ein Thema zu positionieren.
- Eine andere oder höhere Stelle zu erhalten.
- Mehr Spielraum bei der nächsten Gehaltsverhandlung zu erzielen.
- Berufung in den Vorstand.
- Als Unternehmenssprecher benannt zu werden.
- Usw.

Erst wenn Sie sich darüber im Klaren sind, wen Sie ansprechen und was Sie erreichen wollen, sollten Sie die nächsten Schritte angehen.

Tipp 23: Die thematische Ausrichtung definieren

Von den Zielgruppen und vor allem Ihren Zielen hängt es ab, welche Themen Sie in Ihren späteren Beiträgen verarbeiten werden. Wichtig ist es daher, dass Sie sich so gut wie möglich über die Interessen, Eigenschaften und Verhaltensweisen der Zielgruppen klar werden. Was interessiert die Journalisten, die Sie gerne ansprechen möchten? Welche Themen sind für die Mitarbeiter von Relevanz? Zu welchen Themen wollen Sie als Autorität, als Experte wahrgenommen werden? Generell gilt: Je spitzer Sie das Thema wählen, desto einfacher und schneller erarbeiten Sie sich online eine Expertenposition. Sich zum Thema „Digitalisierung" als Autorität zu positionieren dauert deutlich länger und ist mit mehr Aufwand verbunden, als zum Beispiel zum Unterthema „Digitalisierung in der Bankenbranche".

Beispiel für erfolgreiche Eigen-PR

In einem Seminar habe ich mal eine Frau kennengelernt, die sich einen Namen zum Thema „Loverboy-Problematik" machen wollte (Männer werben junge Frauen unter Vorspiegelung einer Liebesbeziehung als Prostituierte an). Wann immer jemand über das Thema berichten wollte und dazu recherchierte, sollte ihr Name auftauchen und sie damit in die Medien kommen. Das hat auch gut funktioniert: Mittlerweile gilt sie als eine der führenden Expertinnen zu diesem Thema.

Von der thematischen Ausrichtung hängt später Ihre gesamte Vorgehensweise ab: z. B. welche Begriffe Sie bei Google überwachen, zu welchen Journalisten Sie Kontakt aufnehmen, zu welchen Themen Sie Videos oder Texte produzieren, worum es auf Ihrer Facebook-Seite geht etc.

Tipp 24: Ihren Namen als Domain sichern

Wer Personal Branding und Eigen-PR im Netz ernst nimmt, kommt um eine eigene Website mit eigener Domain nicht herum. Die Website ist zentraler Anlaufpunkt für alle, die sich für Sie als Person interessieren: Arbeitgeber und -nehmer, Kooperationspartner, Presse, Investoren und sonstige „Stakeholder". Sichern Sie sich also unbedingt, sofern noch frei, Ihren vollen Namen (mit und ohne Bindestrich zwischen Vor- und Nachnamen) als Domainnamen. Bevorzugen Sie dabei die Endungen .de und .com und weichen Sie nur im Notfall auf .net, .eu oder andere, wenig verbreitete Domainendungen aus.

Ob eine Domain noch frei ist, können Sie bei jedem Domainprovider überprüfen. Eine gute und übersichtliche Prüfungsfunktion hat United Domains (http://www.united-domains.de), wo sie Ihren Namen auch direkt mit allen verfügbaren Endungen überprüfen können.

▶ **Domainprovider** Ein Domainprovider ist ein Unternehmen, bei dem man Domains registrieren kann. Bekannte Anbieter sind zum Beispiel United Domains, One.com, Strato oder Hosteurope. Nach einer Prüfung, ob die Domain noch frei ist, wird die Registrierung beauftragt. Der Domainprovider seinerseits bestellt die Domain dann bei der zentralen Vergabestelle und überträgt sie auf den Besteller. Solange die Domain nicht aktiv gekündigt und die jährliche Registrierungsgebühr bezahlt wird, gehört die Domain dem Besteller dauerhaft. Er kann sie aktiv nutzen oder auch nicht, kann sie aber auch weiterverkaufen oder vermieten.

Wenn Ihr Name potenzielle Schreibfehlerquellen enthält (in meinem Fall zum Beispiel „Beilhartz"), sichern Sie sich diese Varianten ebenfalls und leiten Sie diese auf die Hauptdomain um. Bei einigen Providern (zum Beispiel http://www.tecspace.de) können Sie de-Domains schon für ca. drei Euro im Jahr registrieren. In diesem Preis ist dann kein Webspace enthalten, für eine reine Weiterleitung reicht das aber völlig aus.

Sollte Ihre Wunschdomain schon reserviert sein, können Sie überprüfen, ob sie vielleicht bei Sedo (http://www.sedo.de), Europas größter Domainbörse zum Verkauf steht. Domains, die dort eingestellt werden, werden nicht für einen Fixpreis, sondern nach Verhandlung oder Auktion an den Höchstbietenden verkauft.

Das bedeutet, ein guter Domainname kann auch schnell vierstellig oder sogar noch teurer werden.

▶ **Domainbörse** Bei einer Domainbörse werden Domains gehandelt. Sie können sich das wie ein großes Auktionshaus vorstellen, nur eben ausschließlich für Domainnamen. Wenn Sie also in den Besitz einer interessanten Domain gelangen, können Sie diese in die Domainbörse zum Verkauf einstellen und entweder einen Fixpreis festlegen oder eine Auktion anstoßen. Interessenten können Ihnen dann Angebote für die Domain machen. Wenn Sie sich handelseinig werden, geht mit dem Kauf das Eigentum an der Domain auf den Käufer über. Der Kaufpreis ist dabei reine Verhandlungssuche, Vorgaben gibt es nicht. Einige Domains haben in der Vergangenheit bereits siebenstellige Kaufpreise erzielt.

Eine Alternative zu Ihrem Namen als Domain stellen Kunstbegriffe oder Schlagworte dar. Der Gedächtnistrainer Markus Hofmann zum Beispiel nutzt die Domain http://www.unvergesslich.de für seine Webpräsenz. Ich persönlich sehe das aber eher als Ausweichlösung, falls der Name bereits belegt ist.

Tipp 25: Eine persönliche Website einrichten

Wenn die Domain festgelegt ist, geht es darum, eine ansprechende Website für ihre Internetpräsenz zu erstellen. Hierfür gibt es mittlerweile eine Menge Baukastensysteme, mit denen Sie sich selbst Ihre Website zusammenklicken können. Beispielhaft sind hier http://www.wix.com, http://www.jimdo.com und der Website-Baukasten von 1&1 (http://hosting.1und1.de/homepage-erstellen) zu nennen.

Ich persönlich rate Ihnen aber von solchen Baukästen ab. Erstens sind Sie hier meist im Funktionsumfang eingeschränkt und wichtige Funktionen (zum Beispiel zur Suchmaschinenoptimierung oder für Social Media) fehlen oft. Und zweitens binden Sie sich an einen Anbieter, den Sie meistens monatlich mit nicht unerheblichen Beträgen bezahlen müssen. Das ist auf Dauer oft teurer und unbequemer als eine eigene Website erstellen zu lassen.

Meine Empfehlung: Suchen Sie sich eine Agentur, die Ihnen eine eigene Website auf Basis eines Content-Management-Systems erstellt (idealerweise WordPress). Dann können Sie ebenfalls die Inhalte selbst einpflegen, aktualisieren und ändern, ohne über Programmierkenntnisse zu verfügen. Das Layout können Sie aber völlig frei bzw. in Zusammenarbeit mit der Agentur bestimmen. Je nach Agentur und Leistungsumfang wird hier einmalig ein geringer bis mittlerer vierstelliger Betrag fällig – dann haben Sie aber auch eine professionelle, ansprechende und funktionale Website, die alles kann, was Sie benötigen (s. Abb. 1).

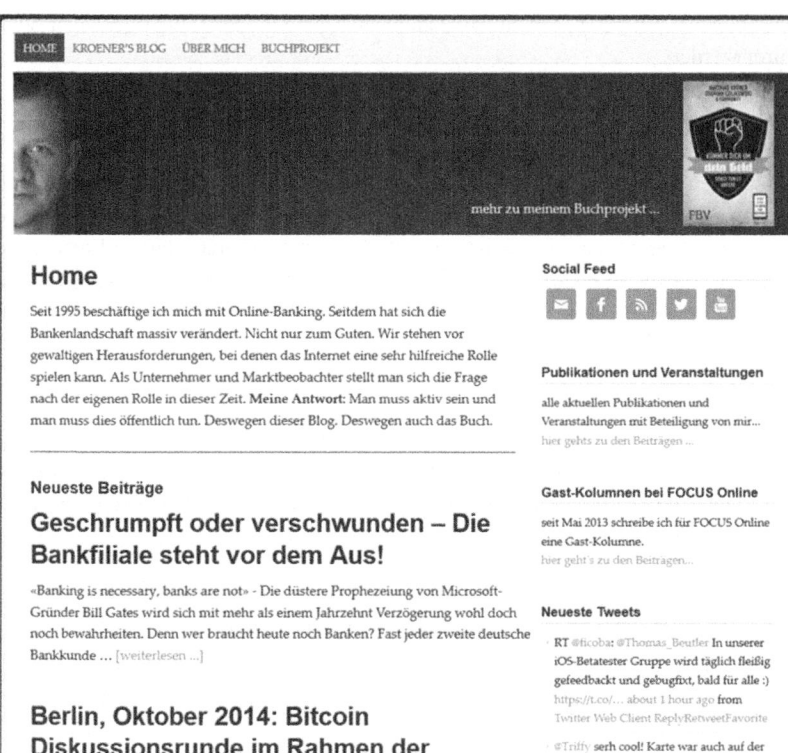

Abb. 1 Persönliche Website des Mitgründers der Fidor- und DAB-Bank Matthias Kröner

▶ **Content Management System** Ein Content Management System (CMS) stellt das „Backend" einer Website dar, also den Bereich, in dem die Inhalte verwaltet werden. Zusammen mit dem „Frontend", also dem Layout oder Design, bildet das CMS die Website. Sie als Inhaber oder Administrator der Website loggen sich in das CMS ein und legen dort zum Beispiel Artikel oder Seiten an, laden Bilder hoch, stellen Texte und Videos online. Dank der heutigen CMS-Angebote müssen Sie dafür weder programmieren können noch Ahnung von Webdesign haben. Bekannte Content Management Systeme sind WordPress, Typo3, Joomla und Drupal.

WordPress ist deshalb empfehlenswert, weil das System kostenlos und mit offenem Quellcode zur Verfügung steht. Fast jeder Programmierer kann also damit umgehen, Sie müssen nicht unbedingt zu Spezialisten gehen. Außerdem gibt es eine Menge

Plug-Ins für fast jede denkbare Funktion. Wenn Sie also zum Beispiel eine Bildergalerie, einen Shop oder irgendeine andere Funktionalität für Ihre Website brauchen, gibt es mit ziemlicher Sicherheit ein kostenloses oder günstiges Plug-In dafür.

Wichtig: Neben einem schicken Design, sollten Sie von der Agentur vor allem eine grundlegende Suchmaschinenoptimierung, ein responsives Layout (Anpassung an unterschiedlich große Endgeräte) und eine schnelle Ladezeit der Seite verlangen. Erfahrungsgemäß achten nicht alle Agenturen auf diese wichtigen Faktoren, weshalb Sie das aktiv einfordern müssen.

▶ **Responsives Webdesign** Die zunehmende Nutzung mobiler Endgeräte stellt Webentwickler vor große Herausforderungen. Denn normale Websites sind auf kleinen Geräten wie Smartphones oder manchen Tablets nicht richtig aufrufbar. Es muss also eine mobile Ansicht erstellt werden. Früher hat man dafür meist zwei Versionen programmiert: eine normale für das Web und eine speziell für mobile Endgeräte. Um diesen doppelten Aufwand zu vermeiden, setzt man heute eher auf responsives Design. Das bedeutet, dass die Website „erkennt", mit welcher Auflösung der Besucher die Seite aufruft und sich automatisch an die Größe des Displays anpasst. Dafür werden meist „Sollbruchstellen" in die Website einprogrammiert. Kommt ein Besucher mit kleinem Display auf die Website, wird die Website dann automatisch passend dargestellt.

Je nachdem, wie tiefgehend Sie sich online vorstellen möchten, reicht manchmal ein so genannter „One-Pager", also eine Website mit nur einer einzigen Seite schon aus. Auf dieser Seite ist dann bei entsprechender Scrolltiefe alles über Sie zu finden. Umfangreichere Präsenzen verfügen über mehrere Unterseiten (zum Beispiel „Vita", „Portfolio", „Presse", etc.).

In jedem Fall nochmal meine Empfehlung: Arbeiten Sie mit einem Freelancer oder einer (kleinen) Agentur zusammen und versuchen Sie nicht, die Website selbst zu machen. Das kostet nicht nur meist deutlich mehr Zeit als vorher vermutet, sondern die Ergebnisse sind hinterher meist auch deutlich schlechter als wenn Profis am Werk waren. Und im schlimmsten Fall tun sich ernsthafte Sicherheitslücken auf, die von Hackern und anderen dunklen Gestalten ausgenutzt werden können. Ersparen Sie sich diesen Ärger.

Tipp 26: Ihre Website grundlegend für Google optimieren

Wenn die Website mehr als nur eine digitale Visitenkarte sein und auch aktiv von Ihren Zielgruppen gefunden werden soll, müssen Sie sich Gedanken über Suchmaschinenoptimierung (kurz: SEO, was für das englische „Search Engine

Optimization" steht) machen. Hierbei geht es darum, die Website so aufzubereiten, dass Google und andere Suchmaschinen sie für die wichtigsten Begriffe möglichst weit oben listen.

Suchmaschinenoptimierung (SEO)

Schon vor der Markteinführung Googles gab es Suchmaschinen, die Websites nach bestimmten Kriterien gelistet hatten. Da Suchmaschinen für viele Menschen damals schon den „Eingang" zum Internet darstellten und dementsprechend für Besucher auf hoch gerankten Seiten sorgten, kam schnell die Frage auf, ob und wie man das Listing in den Suchergebnissen verbessern oder sogar manipulieren könne. Damit war die Suchmaschinenoptimierung (SEO) geboren.

Mit Google wurde SEO dann zum Massenthema. In den Anfangszeiten waren die Algorithmen der Suchmaschinen nicht sehr ausgereift. Schon einfache Optimierungs- und Manipulationsmaßnahmen sorgten schnell für ein gutes Ranking. Da Unternehmen sich häufig nicht ausreichend mit der Materie beschäftigten, wurden die Suchergebnisse für viele, finanzkräftige Suchbegriffe von technisch versierten, aber privat tätigen Suchmaschinenoptimieren dominiert. Mit eigenen Domains versuchten sie, möglichst hohe Listungen für Begriffe wie „Casino", „Poker", „Versicherung", oder „Kredit" zu erreichen. Häufig gelang ihnen das, was zu starken Besucherströmen auf ihren Websites führte. Durch die Einblendung von Werbung oder den Verkauf von Produkten konnten sie so recht hohe Geldbeträge verdienen (teilweise mehrere hunderttausend Euro im Monat).

Schnell entwickelte sich eine rege SEO-Industrie aus selbständigen SEOs, Beratern, Agenturen, Software-Anbietern und anderen Dienstleitern. Jede denkbare Manipulationsmethode wurde ausgeschlachtet oder als Dienstleistung an Unternehmen verkauft. In Internetforen, in Netzwerktreffen oder auf ersten Konferenzen wurden Tipps und Tricks weitergegeben und Methoden ausgetauscht.

Die relative Einfachheit der SEO-Vorgehensweisen führte dazu, dass der Google-Index trotz des im damaligen Vergleich guten Algorithmus massenhaft mit minderwertigen Websites bombardiert wurde, die als einzige Daseinsberechtigung das Unters-Volk-Bringen von Werbung hatten. Profi-SEOs konnten mit Hilfe von Skripten und Software-Tools hunderttausende von neuen Webseiten am Tag automatisiert veröffentlichen und viele davon recht schnell bei Google nach oben bringen.

All das zwang Google dazu, die Suchalgorithmen immer weiter zu verbessern und die Qualitätskriterien immer mehr anzupassen. Konnte man früher nahezu jede Seite bei Google nach oben bringen, wenn nur genügend Text auf der Seite war und genügend Links auf sie verwiesen, wurden die Anforderungen nach und nach immer höher.

Google spielt seit Jahren regelmäßige Updates in den Algorithmus ein. Für die Suchmaschinenoptimierung waren vor allem zwei Updates ausschlaggebend. Das so genannte „Panda-Update" in 2011 verbesserte die Erkennung von schlechten, wenig hilfreichen und spammigen Inhalten. Google wollte (und will) Website-Betreiber damit dazu zwingen, den Nutzer in den Mittelpunkt der Bemühungen zu stellen, nicht den Suchmaschinen-Bot.

Das zweite große Update ging unter dem Namen „Pinguin-Update" 2012 live. Hierbei verschärfte Google die Qualitätskriterien an Backlinks. Führten früher massenweise und automatisiert aufgebaute Backlinks zum Beispiel aus Blogkommentaren, Webkatalogen oder Social Bookmark-Verzeichnissen noch zu signifikanten Ranking-Verbesserungen, konnten sie von nun an sogar zu einer Abstrafung der Website führen. Im schlimmsten Fall führt ein grober Verstoß gegen die Google-Qualitätsrichtlinien sogar zum dauerhaften Ausschluss aus dem Index.

Tipp 25: Eine persönliche Website einrichten

Die Maßnahmen zeigten Wirkung. Immer mehr Vertreter der SEO-Szene bekannten sich zu einer „sauberen" Arbeitsweise und propagierten hochwertige Inhalte und natürlich entstehende Linkstrukturen. Die Gruppe der „Black Hat SEOs", die bewusst und massiv gegen Google-Richtlinien verstoßen, ist auf einen harten Kern zusammengeschrumpft. Zwar funktionieren solche Maßnahmen teilweise immer noch, aber eben immer verbunden mit einer drohenden Abstrafung. Für Unternehmenswebsites keine gute Ausgangsbasis.

Heute geht es in der Suchmaschinenoptimierung vor allem darum, dem Google-Bot einen möglichst barrierefreien Zugang zur Website und zu allen wichtigen Informationen zu gewähren, hochwertige und gut strukturierte Inhalte auf der Website bereit zu halten, alle technischen Kriterien für exzellente Websites auszuschöpfen und durch interessanten Content und gezielte PR-Arbeit für saubere Verlinkungen zu sorgen. Besonderer Fokus liegt dabei auf den Website-Inhalten. Denn ein ungünstiges Userverhalten auf der Website, wie ein sofortiges Zurückklicken zu Google und eine kurze Verweildauer, zeigen der Suchmaschine, dass die Informationen auf der Website nicht allzu interessant gewesen sein können – was zu einer Rankingverschlechterung führen kann.

Definieren Sie also zuerst einmal, welche (Such-)Begriffe („Keywords") für Sie überhaupt wichtig sind. Das können zum Beispiel allgemeine/generische Begriffe wie „Industrie 4.0", „Interimsmanager" oder „Versandhandelsbranche" sein, aber auch Kombinationen wie „Führungskraft Telekommunikation" oder „Studien digitale Transformation". Überlegen Sie sich, welche Begriffe Ihre Zielgruppen eingeben und bei welchen es für Sie hilfreich wäre, wenn Sie auf einem der vordersten Plätze der Suchmaschinen zu finden wären.

▶ **Keywords** Keywords sind Begriffe, die Menschen in die Suchmaschine eingeben, um Antworten auf Fragen oder relevante Websites zu finden. Die Keywords werden in der Suchmaschinenoptimierung als Basis für Optimierungsmaßnahmen und bei Google AdWords als Grundlage für die Anzeigenschaltung verwendet. Generell unterscheidet man zwischen „Brand Keywords", die aus Marken-, Unternehmens- oder Produktnamen bestehen (z. B. „DriveNow" oder „Adidas Air") und generischen Keywords, die beschreibender Natur sind (z. B. „Führungskraft" oder „Urlaub") sowie diversen Misch- und Zwischenformen.

Von den Keywords zu unterscheidensind die Meta-Keywords, die oft verwechselt werden. Hierbei handelt es sich um Schlagworte, die man beim Erstellen einer Webseite im Kopfbereich der Seite eintragen kann. Früher erhoffte man sich davon ein besseres Ranking in den Suchmaschinen. Google zumindest wertet die Meta-Keywords aber schon seit vielen Jahren nicht mehr aus, weshalb diese Maßnahme zumindest für das Ranking sinnlos ist.

Wenn Sie diese Begriffe definiert haben, bauen Sie die Begriffe in Ihre Website ein. Besonders wichtig ist, dass die Begriffe im Titel, in den Überschriften und im

Fließtext Ihrer Seite vorkommen. Nicht übertrieben oft, aber so, dass ein geneigter Leser und eben auch eine Suchmaschine ein klares Bild davon erhält, worum es auf dieser speziellen Seite geht.

Auch bei der Suchmaschinenoptimierung sollten Sie sich einem professionellen Dienstleister oder einem erfahrenen Freelancer anvertrauen, der Ihnen zumindest beratend zur Seite steht. Sie können dabei viel falsch machen und Ihre Seite bei Google nachhaltig ins Aus befördern. Wenn Sie aber gut beraten werden und wissen, was Sie tun und lassen müssen, können Sie tatsächlich Vieles selbst erledigen und müssen nicht zwingend jeden Schritt den Experten überlassen.

Tipp 27: Verlinkungen von anderen Websites erhöhen

Die Wichtigkeit Ihrer Website in den Augen von Google hängt in großem Ausmaß davon ab, von wie vielen anderen Websites diese verlinkt wird. Google sagt sich sinngemäß: „Wenn so viele andere Seiten einen Link auf diese Website gesetzt haben (und sie damit ihren eigenen Lesern weiterempfohlen haben), muss sie ja irgendwie gut sein und sollte deshalb auch höher gerankt werden."

Tatsächlich war die Einbeziehung der Verlinkungsstruktur in den Ranking-Algorithmus die grundlegende Idee, die Google in den Anfangszeiten von allen anderen, bereits existierenden Suchmaschinen unterschied. Altavista, Yahoo, Lycos etc. betrachteten damals zur Relevanzermittlung nur die Programmierung und Textinhalte. Dort lässt sich Relevanz aber sehr leicht manipulieren, z. B. durch versteckte Texte und Keywords. Die Verlinkungsstruktur zu manipulieren ist da schon deutlich aufwändiger. Zwar hat sich mittlerweile eine rege „Linkaufbau"-Industrie etabliert; Links spielen aber nach wie vor eine entscheidende Rolle im Ranking.

Für Sie ist es wichtig, dass Ihre Website von möglichst vielen anderen, qualitativ hochwertigen Websites verlinkt wird. Das können Sie zu großen Teilen selbst in die Hand nehmen. Zumindest für eine ganze Weile kommen Sie dann gut ohne Agentur oder Dienstleister aus, und das kann je nach Zielsetzung und Themenspektrum schon für gute Rankings reichen.

▶ **Backlink** Ein Backlink ist schlicht ein Link von einer anderen Website. Umgangssprachlich spricht man häufig einfach von Link. Die Anzahl und Qualität der Backlinks stellen für Suchmaschinen ein Relevanzkriterium dar und erhöhen das Ranking von Websites in den Suchergebnissen.

Sorgen Sie also dafür, dass Ihre Seite verlinkt wird. Zum Beispiel von den Websites von Partnern, Kunden, Zulieferern etc. Wenn Sie in einem Verband Mitglied sind, tragen Sie sich in das Mitgliederverzeichnis ein – mit Backlink natürlich. Wenn Sie auf einer Konferenz oder Messe einen Vortrag halten, versuchen Sie, von dort einen Link zu ergattern. Haben Sie sogar einen Lehrauftrag an einer Hochschule? Super, Links von Uni-Seiten gelten nach wie vor als „SEO-Gold", da sie für Google eine hohe Qualität vermitteln.

Gehen Sie einfach mit einem offenen Auge durch das Netz und fragen Sie sich immer wieder: „Kann ich da noch einen Link mitnehmen?" Dann machen Sie im Prinzip das, was eine gute SEO-Agentur macht.

Besonders gut geeignet ist dafür die Methode der Medienbeobachtung. Überwachen Sie, wo und in welchen Online-Medien über Sie geschrieben wird. Möglicherweise berichtet eine Zeitung über Sie, oder ein Blogger schreibt über Ihren Vortrag auf der letzten Messe. Wie Sie sich darüber auf dem Laufenden halten, haben Sie im Abschnitt über Online-Recherche ja bereits gelesen.

Wenn Sie nun sehen, dass ein Medium über Sie geschrieben hat, prüfen Sie, ob auch ein Link zu Ihrer Website gesetzt wurde. Manchmal wird das bereits der Fall sein, häufig aber nicht. Dann reicht eine E-Mail an den jeweiligen Redakteur, in der Sie sich für die Erwähnung bedanken und höflich bitten, ob er denn aus Gründen der Vollständigkeit noch ein Link zu Ihrer Website einfügen könne. Erfahrungsgemäß antworten 40–50 % der so Angeschriebenen positiv. Und voilà, mit nur einer E-Mail haben Sie einen Link zu Ihrer Website erhalten. Die so generierten Links sind meist die besten, die man bekommen kann, denn sie kommen von hochqualitativen, anerkannten Portalen und entsprechen genau den Google-Qualitätskriterien.

Tipp 28: Bestehende Verlinkungen überprüfen

Wenn Sie diese Aufgabe ernst nehmen, werden Sie früher oder später wissen wollen, wer denn bereits auf Sie verlinkt und wie sich Ihre Verlinkungen entwickeln. Das können Sie ohne SEO-Tool allerdings nicht bewerkstelligen. Es gibt jedoch einige gute und sogar kostenlose Lösungen für diese Fragestellung.

Ein einfaches und schnell anwendbares Tool zur Backlink-Analyse ist BacklinkTest (http://www.backlinktest.com). Backlinktest zeigt Ihnen innerhalb weniger Minuten eine Liste mit Links an, die zu Ihrer Seite verweisen. Teilweise sind veraltete und nicht mehr existente Links dabei. Oder auch Links, die eigentlich gar keine Links sind, sondern nur Nennungen Ihrer Domain. Aber im Großen und Ganzen ist das Tool extrem hilfreich und vor allem kostenlos. Schauen Sie gelegentlich mit diesem Tool Ihre Links an und prüfen Sie, ob neue dazugekommen sind.

Kleiner Bonus-Tipp: Schauen Sie sich mal die Links von ähnlichen Seiten an (z. B. andere Personen- oder Unternehmenswebsites). Woher bekommen diese ihre Links? Und sind da Linkquellen dabei, die Sie auch „anzapfen" können?

Tipp 29: Kostenlose SEO-Tools nutzen

Auch über die reine Backlink-Analyse hinaus gibt es Tools, die Sie einsetzen sollten, wenn Sie Ihre Website ernsthaft nach vorne bringen wollen. Am Markt gibt es eine unüberschaubare Vielfalt an SEO-Tools für alle denkbaren Zielsetzungen und Zielgruppen. Von einfachen Tools für die schnelle Analyse zwischendurch bis hin zu umfangreichen Toolboxes für Großunternehmen und Agenturen, für die schnell vierstellige Beträge im Monat fällig werden. Sie mit Ihrer persönlichen Website werden das wohl nicht benötigen.

SEO-Tools
Wer sich tiefer mit Suchmaschinenoptimierung auseinandersetzt, kommt um die Nutzung von SEO-Tools nicht herum. Manche Aufgaben sind ohne Tool überhaupt nicht machbar, andere nur mit viel Aufwand.

Die meisten SEO-Tools werden zur Analyse der Website auf Optimierungspotenziale eingesetzt. So untersuchen die Tools beispielsweise, ob die Titel richtig gesetzt sind, die interne Verlinkung der Website Fehler aufweist, die Ladezeiten ausreichend schnell sind oder die Textmenge ausreichend groß ist.

Auch zur Analyse und Überwachung der Konkurrenz eignen sich SEO-Tools. So können Sie die Seiten der Wettbewerber auf SEO-Maßnahmen untersuchen und so z. b. ermitteln, wie weit die anderen bereits sind oder welche konkreten Maßnahmen schon eingeleitet wurden.

Auch und gerade für die Überwachung der Ergebnisse sind Tools unabdingbar. Wenn Sie das Ranking Ihrer Website für die für Sie wichtigen Keywords jede Woche von Hand abfragen wollten, wäre das ein enormer Aufwand. Und teilweise sogar unmöglich, da Google die Suchergebnisse anhand des Nutzerverhaltens anpasst. Sie bekommen daher höchstwahrscheinlich andere Ergebnisse angezeigt als andere Nutzer. Mit SEO-Tools ist das aber problemlos möglich. Sie tragen in die Tools einfach die für Sie wichtigen Keywords ein, bestimmen, welche Domains überwacht werden sollen und erhalten dann je nach Einstellung z. B. einmal in der Woche eine E-Mail mit den Positionen und der aktuellen Entwicklung zugeschickt. Das ist eine enorme Erleichterung für alle, die SEO betreiben und erklärt die enorme Popularität von SEO-Tools weltweit.

Machen Sie sich aber nach und nach ruhig mit ein bis zwei kostenlosen Tools vertraut. Einen Großteil der wichtigen Analysen und Aufgaben können Sie bereits mit diesen Werkzeugen durchführen, ohne jemals einen Euro für ein SEO-Tool oder einen SEO-Dienstleister investieren zu müssen.

Zwei Empfehlungen möchte ich Ihnen hier mitgeben:

Zum einen hat sich SISTRIX Smart bewährt (http://smart.sistrix.de). Es handelt sich dabei um eine abgespeckte Version der in der Branche sehr bekannten SISTRIX-Toolbox. Mit SISTRIX Smart können Sie Onpage-Analysen für eine einzige Domain durchführen, was in Ihrem Fall ja ausreicht. Sie erhalten im Tool dann Auswertungen

Tipp 25: Eine persönliche Website einrichten

darüber, wie gut Ihre Website bereits für Google optimiert ist, wie sich Ihre Rankings entwickeln und welche Wettbewerber Sie im Auge haben sollten.

Ein zweites, hervorragendes Tool ist ebenfalls eine Gratis-Version eines sonst kostenpflichtigen Tools: Onpage.org Free (https://de.onpage.org/product/free/). Onpage.org hat in den letzten Monaten eine ganze Reihe von Auszeichnungen abgestaubt, u. a. Platz zwei beim Deutschen Gründerpreis. Und tatsächlich liefert das Tool ausgezeichnete Informationen über Optimierungspotenziale Ihrer Website. Für kleine Websites mit bis zu 100 Unterseiten gibt es eine leicht eingeschränkte, aber völlig ausreichende Free-Version. Hier zeigt Onpage.org Schritt für Schritt, was optimiert werden sollte: Von dem Vorhandensein und der Länge von Elementen wie Titel, Überschriften oder Beschreibungen über die interne Verlinkung, die Ladezeiten der Seite bis hin zu zahlreichen technischen Faktoren lässt sich alles genau unter die Lupe nehmen (s. Abb. 2). Nicht alles davon werden Sie vermutlich in der Tiefe verstehen, müssen Sie aber auch nicht. Wenn das angezeigte Optimierungslevel zu gering ausfällt, müssen Sie aktiv werden – entweder selbst oder eben mit professioneller Unterstützung.

Solche Tools eignen sich übrigens auch sehr gut, um der Agentur auf die Finger zu schauen und hin und wieder mal zu überprüfen, was sie eigentlich macht.

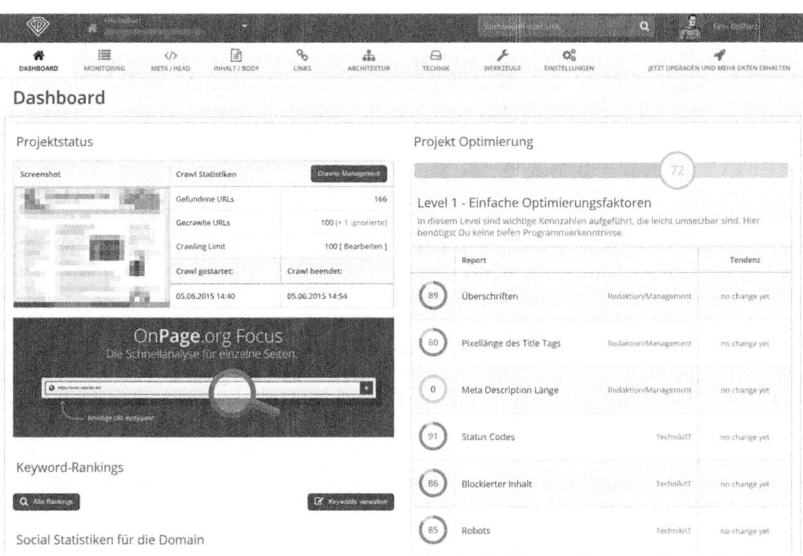

Abb. 2 Übersichtliche Website-Analyse mit Onpage.org Free

Tipp 30: Einen geeigneten SEO-Dienstleiter finden

Doch wie finden Sie einen Dienstleister, dem Sie vertrauen können? Das ist in der Tat gar nicht so einfach. Der Markt an SEO-Anbietern ist unendlich groß und komplett unreguliert. „SEO-Agentur" kann sich jeder nennen, da gibt es keinerlei Prüfung oder Qualifizierung (zumindest keine, die irgendetwas aussagt). Hinzu kommt, dass sich leider viele schwarze Schafe am Markt tummeln, die wenig bis nichts für den Kunden tun, aber fleißig Rechnungen schreiben.

Viele Anbieter werben mit unterschiedlichen Siegeln und Zertifizierungen (Google Partner, Top 100 SEO-Dienstleiter, etc.). Das ist auch ok, sagt nur über tatsächliche SEO-Kenntnisse und Seriosität nichts oder wenig aus.

Versuchen Sie, Empfehlungen von Bekannten, Kollegen oder sonstigen Kontakten zu erhalten. Tatsächlich sind bereits gemachte Erfahrungen das beste Qualitätsmerkmal.

Schauen Sie nach Anbietern, die als Referenten auf den eingängigen SEO-Konferenzen aktiv sind: SEO Day, SEOKOMM, SMX und OMCap sind hier die wichtigsten. Die Referenten werden dort meist nach relativ strengen Kriterien ausgewählt. Wer dort auf der Bühne steht, ist in der Branche persönlich bekannt und seit Jahren aktiv.

SEO-Konferenzen

Die SEO-Branche lebt seit jeher vom Networking. Da der genaue Algorithmus, mit dem Google die Rankings ermittelt, nicht bekannt ist, musste fast alles, was die Suchmaschinenoptimierung ermöglicht, über Erfahrungswerte, Versuche und Experimente herausgefunden werden. Um diesen Austausch zu ermöglichen, wurden recht früh Konferenzen, Stammtische und Barcamps ins Leben gerufen, auf denen sich SEOs weiterbilden können.

Mittlerweile ist der SEO-Konferenzkalender recht prall gefüllt. In den letzten Jahren kamen zahlreiche Veranstaltungen hinzu, die teilweise auch über den reinen SEO-Bereich hinausgehen. So wurde der Salzburger SEOKomm ein weiterer Konferenztag vorangestellt (OMX), der sich mit Online-Marketing insgesamt beschäftigt. Andere Konferenzen wie die SEMSEO wurden zu einer Roadshow ausgebaut.

Für viele aktive SEOs ist es ein Ziel, auf einer oder sogar mehreren dieser Konferenzen sprechen zu dürfen. Durch die hohe Vernetzung in der Szene steigt so nicht nur der Bekanntheitsgrad in der Branche, sondern auch in potenziellen Kundenkreisen.

Eine Sonderstellung nimmt jährlich die SEO Campixx in Berlin ein. Die meisten der 550 Tickets werden an ausgewählte Teilnehmer vergeben, nur wenige Tickets gehen in den öffentlichen Verkauf. Diese sind dann meist innerhalb weniger Minuten ausverkauft. Durch das Barcamp-Format mit über 100 Workshops an zwei Tagen in einem komplett dafür gebuchten Hotel kann sich jeder, der das möchte, aktiv einbringen. Auf keiner anderen Veranstaltung ist das Networking intensiver und der Interaktionsgrad höher.

Vergleichen Sie auf jeden Fall immer mehrere Angebote und lassen Sie sich alle Punkte genau erklären. Gehen Sie keinen langfristigen Vertrag ein (sechs Monate sind ok, 12 Monate eventuell noch vertretbar, 24 Monats-Verträge unseriös) und vor allem, lassen Sie sich bei laufenden Kosten alle durchgeführten Maßnahmen reporten. Unseriöse Agenturen reporten maximal die Entwicklung der Rankings, aber nicht, was konkret für das Geld getan wurde. Bestehen Sie auf Transparenz. Folgende Fragen können Sie der Agentur stellen, um ein Gefühl dafür zu bekommen, wie gut, seriös und professionell sie arbeitet:

- Auf welche SEO-Konferenzen gehen Ihre Mitarbeiter? Haben Sie schon auf einer Konferenz gesprochen? Besuchen sollten sie 1–2 im Jahr, dort zu sprechen wäre natürlich das i-Tüpfelchen.
- Welche Zeitschriften werden in Ihrer Agentur gelesen? Gängig sind vor allem die Website Boosting, der Suchradar, das Upload Magazin, event, die t3n, die Internet World und einige andere.
- Haben Sie oder Ihre Mitarbeiter auch schon selbst Beiträge publiziert? Kein Muss, aber auf jeden Fall ein Qualitätsmerkmal.
- Welche SEO-Blogs lesen Sie? Hier sollten auch mindestens 2–3 genannt werden können.
- Welche professionellen SEO-Tools nutzen Sie in der Agentur? Üblich sind u. a. XOVI, SISTRIX, Onpage.org, Searchmetrics, Seolytics, Manhattan Tools und andere.
- Setzen Sie die Google Webmaster Tools / Search Console ein? Das ist eine von Google angebotene Tool-Sammlung, die jede SEO-Agentur nutzen sollte.
- Welche Kunden haben Sie bisher betreut und welche Ergebnisse wurden erzielt? Mit großen Kunden bestehen oft Vertraulichkeitsvereinbarungen, so dass Sie da keine Auskünfte erhalten; einige Referenzen sollten aber genannt werden können.
- Wie hat sich Ihre SEO-Arbeit in den letzten fünf Jahren verändert? Die eingesetzten Maßnahmen im SEO haben sich in den letzten Jahren deutlich gewandelt – hier sollte die Agentur schlüssige Aussagen machen können.
- Kleine Fangfrage: Wie schaffen Sie es, unseren PageRank zu erhöhen? Der PageRank ist eine Kennzahl von Google, die mittlerweile ziemlich irrelevant ist. Wenn die Agentur hier Maßnahmen vorschlägt, ohne Sie aufzuklären, sollten Sie stutzig werden.

Tipp 31: Google Anzeigen schalten

Prinzipiell ist es gut, wenn Ihre Website und/oder Ihr Blog zu den für Sie wichtigen Begriffen bei Google gefunden werden. Allerdings nicht nur, wenn jemand Ihren Namen sucht, sondern auch bei Suchworten aus Ihrer Themenwelt. Es kann jedoch je nach Konkurrenzumfeld und Ausgangssituation durchaus einige Zeit dauern, bis Ihre Website in den Suchergebnissen weit oben gelistet wird.

Google bietet aber noch eine weitere, sehr schnelle Möglichkeit, für eine erhöhte Wahrnehmung zu sorgen: mit Anzeigen in den Google Suchergebnissen, den so genannten „Google AdWords". Hierbei handelt es sich um Textanzeigen, die Sie über oder neben den Suchergebnissen für jedes beliebige Suchwort buchen können. Hierbei ist keine zeitliche Verzögerung vorhanden: Wenn Sie die Anzeige einrichten, ist sie nach wenigen Minuten online und kann gefunden werden. Sie bezahlen dann für jeden Klick auf die Anzeige und damit für jeden Besuch auf Ihre Website einen Betrag, den Sie vorher aber in der Höhe deckeln können.

Google AdWords
Die Idee, zur Suchanfrage passende Anzeigen einzublenden, hat den Weg zu Googles heutigem Imperium geebnet. Im Gegensatz zu vielen anderen Werbeformen sind solche Suchwortanzeigen keine Unterbrecherwerbung. Nichts blinkt, nichts stört – schlichte Textwerbung zum Zeitpunkt der aktiven Suche. Studien zeigen, dass ein Großteil der Nutzer die AdWords-Werbung nicht als nervig, sondern oft sogar als hilfreich empfindet. Viele wissen auch gar nicht, dass sich dahinter bezahlte Werbeanzeigen verbergen, sondern halten es für weiterführende Ergebnisse (s. Abb. 3).

Google hat das AdWords-System, das übrigens zu über 90 % zu Googles Umsatz beiträgt, in den letzten Jahren kontinuierlich ausgebaut. Die Möglichkeiten der Anzeigenausspielung sind dadurch extrem genau und vielfältig geworden.

Relativ früh begann Google auch damit, Werbung nicht nur neben den Suchergebnissen, sondern auch auf thematisch passenden Websites auszuspielen. Damit hatten die Werbetreibenden eine ganz neue Möglichkeit, Kunden anzusprechen. Werbung konnte eben nicht nur bei Google, sondern auch auf hunderttausenden von kleinen und großen Websites gebucht werden. Mit den gleichen Vorteilen wie bei Google, zum Beispiel der Abrechnung pro Klick und der vorherigen Eingrenzung des maximalen Tagesbudgets.

Im Jahr 2007 übernahm Google den Werbevermarkter DoubleClick, der bereits über eine große Reichweite und ein umfassendes Netzwerk von Websites, auf denen Werbung ausgespielt werden konnte, verfügte. Dadurch vergrößerte sich der Einfluss enorm. Mittlerweile wird gut die Hälfte des weltweiten Werbebudgets über Google ausgespielt. Viele der Werbeanzeigen, die Sie im Netz sehen, laufen über Googles Werbenetzwerk.

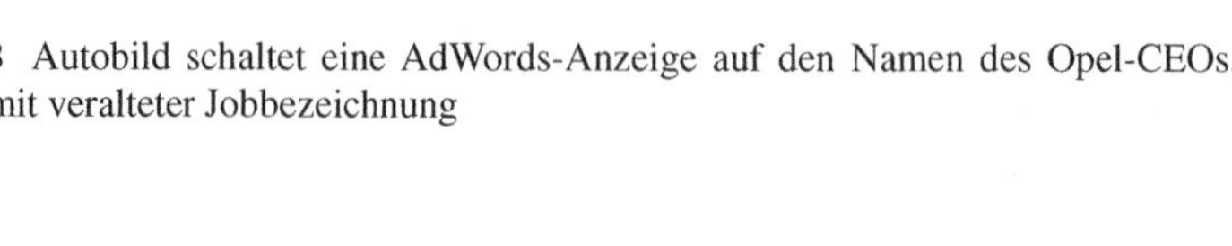

VW-Manager Karl-Thomas Neumann
Anzeige www.autobild.de/ ▼
Aktuelle Reifentests, Erlkönige & Fahrberichte jetzt auf AutoBild.de!
Auto Katalog · Autobild TV · Reifentests · Ratgeber
7.905 Personen folgen AUTO BILD auf Google+

Abb. 3 Autobild schaltet eine AdWords-Anzeige auf den Namen des Opel-CEOs, allerdings mit veralteter Jobbezeichnung

Bei näherer Betrachtung ist Google AdWords eines der besten Werbesysteme überhaupt. Denn im Gegenzug zu fast allen anderen Werbeformen handelt es sich nicht um Unterbrecherwerbung. Der Kunde wird genau dann angesprochen, wenn er gerade ein akutes Suchbedürfnis hat und daher die Suchmaschine benutzt. Er wird weder beim Fernsehen noch beim Zeitunglesen oder beim Web-Surfen gestört; ihm werden einfach passend zu seiner Suchanfrage weitere, bezahlte Treffer angezeigt. Einen besseren Zeitpunkt des Werbekontakts können Sie nicht abpassen.

Google AdWords ist mittlerweile ein sehr umfangreiches System mit unzähligen Möglichkeiten. Aber auch hierbei können Sie sich von einer Agentur oder einem Freelancer helfen lassen. Prinzipiell können Sie das aber auch selbst in die Hand nehmen, wenn Ihnen die Grundfunktionen genügen. Im Netz finden Sie eine Menge Anleitungen, wie Sie Anzeigen bei Google einrichten.

Wirklich etwas „kaputtmachen" können Sie dabei ohnehin nicht. Sie deckeln sowohl den Betrag, den Sie pro Tag maximal ausgeben möchten (Tagesbudget) als auch den Preis, den Sie pro Klick maximal zu zahlen bereit sind (maximaler Klickpreis). Sie können also ohne Risiko mit dem System herumspielen und alle Funktionen ausprobieren. Alle Kampagnen und Anzeigen lassen sich auch jederzeit wieder beenden, es gibt weder ein Mindestbudget noch eine Mindestlaufzeit oder ähnliches.

Anzeigen auf Ihren Namen zu schalten würde ich Ihnen in jedem Fall empfehlen. Vor allem dann, wenn ein oder mehrere Namensvettern bereits die vorderen Plätze bei Google eingenommen haben. Für welche weiteren Begriffe Anzeigen dann Sinn machen, sollten sie individuell im Einzelfall prüfen bzw. sich dabei beraten lassen. Weniger ist hier oft mehr.

Tipp 32: Google Analytics einrichten und nutzen

Irgendwann werden Sie wissen wollen, wie viele Menschen überhaupt Ihre Website besuchen. Und wahrscheinlich auch, wo diese herkommen bzw. wie sie Ihre Website gefunden haben. Und vielleicht sogar, was sie auf Ihrer Website tun, wie lange sie dort verweilen und welche Seiten am häufigsten aufgerufen werden. Dann brauchen Sie ein Web Analytics Programm.

Hier ist der Markt ähnlich unübersichtlich wie schon bei den SEO-Tools. Von ganz rudimentären und unzuverlässigen Tools bis hin zu hochkomplexen und sehr teuren Analyse-Allzweckwaffen ist alles dabei.

Es gibt jedoch einen klaren Platzhirschen im kostenlosen Sektor: Google Analytics. Google hat Mitte der 2000er-Jahre einen Webanalyse-Anbieter aufgekauft und sich die Software einverleibt. Fortan wurde das System kostenlos angeboten. Google benötigt die daraus gewonnen Daten zum Beispiel zur Verbesserung der Suche, aber vor allem, um zu lernen, wie Menschen das Web und Websites nutzen. Mittlerweile ist Google Analytics auf hunderten von Millionen Websites eingebunden. Ein Großteil der Unternehmen auch in Deutschland setzt Google Analytics als Webanalyse-Software ein.

Die Nutzung ist komplett kostenlos. Alles, was Sie tun müssen, ist ein Konto bei Google Analytics einzurichten, Ihre Website dort anzulegen und den dann von Google ausgespielten Code-Schnipsel in Ihre Website einzubauen. Das alles ist nicht schwierig; ich würde Ihnen trotzdem dazu raten, das von einem Freelancer übernehmen zu lassen. Eine Agentur oder ein Freelancer braucht dafür im Regelfall nicht mehr als eine Stunde, maximal zwei.

Sobald das System eingerichtet ist, können Sie unter https://analytics.google.com auf Ihr Google-Konto mit Ihren Analytics-Daten zugreifen. Hier sollten Sie sich mal eine Stunde Zeit nehmen und etwas im System herumklicken. Kaputtmachen können Sie nichts, aber Sie sollten ein Gefühl für die extreme Datentiefe bekommen, die Google Analytics bietet.

Wenn Sie das gemacht haben, seien Sie beruhigt: Das meiste davon werden Sie nie brauchen. Höchstwahrscheinlich reicht Ihnen eine Handvoll Reports völlig aus, um auf einen Blick zu sehen, wo Sie stehen. Diese für Sie wichtigen Reports können Sie sich in einer Übersicht („Dashboard") zusammenstellen und sogar automatisch in regelmäßigen Abständen per E-Mail verschicken lassen. So haben Sie alles Wichtige immer auf dem Schirm.

Aus der ungeheuren Vielzahl an möglichen Reports picken Sie sich nun also die für Sie wichtigen heraus. Prinzipiell können Sie alle Fragestellungen in drei Bereiche untergliedern:

Trafficakquise: Woher kamen die Besucher?
Verhalten: Was haben die Besucher auf Ihren Seiten gemacht?
Conversions: Was hat Ihnen das gebracht?

▶ **Traffic** Als Traffic wird die Gesamtmenge der Besucher einer Website bezeichnet.

Im Bereich der Akquise sind folgende Fragestellungen für Sie wichtig:

- Welcher Kanal liefert wie viele Besucher?
- Wie hoch ist der Anteil der Besucher von Google, Facebook, XING und anderen wichtigen Kanälen?
- Gibt es Verlinkungen, die besonders viel Traffic gebracht haben?

Tipp 25: Eine persönliche Website einrichten

- Welcher Kanal liefert die Besucher mit der höchsten Verweildauer und der höchsten Aktivität?
- Welche technischen Ausstattungen haben die Besucher? (Browser, Betriebssystem, Flash, Bildschirmgrößen etc.)
- Wie hoch ist der Anteil an mobilen Besuchern, die mit Tablet oder Smartphone auf Ihre Seiten kamen?

Folgende Fragestellungen könnten im Bereich des Nutzerverhaltens für Sie von Interesse sein:

- Wie viele Besucher hatte die Website in den letzten vier Wochen?
- Wie haben sich die Besucherzahlen im Verhältnis zur Vorperiode (Vormonat/Vorjahr) entwickelt?
- Wie viele Unterseiten Ihrer Website wurden insgesamt aufgerufen und wie lange blieben die Besucher im Durchschnitt auf Ihren Seiten?
- Welche Unterseiten oder Beiträge werden besonders häufig aufgerufen?
- Lassen sich Unterschiede im Nutzungsverhalten der mobilen und der Desktop-Nutzer erkennen? (Das könnte zum Beispiel darauf hindeuten, dass die Website besser auf die mobilen Endgeräte zugeschnitten werden sollte)
- Lassen sich typische Verlaufspfade erkennen, also Nutzerbewegungen vom Einstieg auf der Seite bis zum Verlassen der Seite?

Je nach Zielsetzung Ihrer Domain können Sie vielleicht sogar spezifische Aktionen definieren, die ein Nutzer auf der Website durchführen soll. Das kann zum Beispiel das Abonnieren Ihres Newsletters sein, aber auch der Download Ihrer PDF-Vita, das Absenden eines Kontaktformulars oder das Ansehen eines Videos. In der Online-Fachsprache nennt man solche gewünschten Aktionen „Conversions". Die Conversion ist die Kennzahl, mit der die Erreichung Ihrer Ziele ausgedrückt wird. In Google Analytics lassen sich solche Conversions anlegen und dann entsprechend messen.

▶ **Conversion** Die Conversion drückt im Online-Marketing eine Zielerreichung aus. Wenn ein Website-Besucher eine gewünschte Aktion durchgeführt hat, z.B. einen Kaufabschluss, eine Newsletter-Anmeldung oder eine Kontaktanfrage, wird das als Conversion gezählt. Das Verhältnis von erreichten Conversions zu allen Besuchern wird als Conversion Rate bezeichnet.

Wenn Sie die Conversions gemessen haben, ergeben sich völlig neue, interessante Fragestellungen, zum Beispiel:

- Wie oft wurden die Ziele insgesamt erreicht?
- Welche Kanäle haben am stärksten zur Zielerreichung beigetragen?
- Lohnt es sich, Google AdWords-Werbung zu schalten, um Conversions zu generieren?
- Und was kostet eine Conversion im Durchschnitt, die Sie über Google AdWords generiert haben?

Wenn Sie es jetzt noch professioneller angehen wollen, können Sie mit Google Analytics sogar so genannte A/B-Tests durchführen. Nehmen wir an, Sie haben als Ziel, dass sich Menschen in Ihren Newsletter eintragen. Dann wäre eine erfolgte Eintragung ein erreichtes Ziel, also eine Conversion.

Mit Google Analytics (Menüpunkt Verhalten → Tests) können Sie nun testen, welche Art von Anmeldeformular oder welche Platzierung auf der Website mehr Anmeldungen produziert. Ob der „Absenden"-Button rot oder grün sein sollte. Ob das Formular oben oder unten platziert werden sollte, und vieles mehr. Mit etwas Einsatz und Hirnschmalz lassen sich so sehr effektive Tests definieren, die Ihre Website deutlich wirkungsvoller machen. Große Online-Player geben sehr viel Geld für solche Tests aus – Sie können davon ausgehen, dass fast alles, was Sie bei Zalando, Chefkoch oder Amazon sehen, gründlich getestet wurde.

Für unseren konkreten Einsatz müssen wir es aber nicht übertreiben. Machen Sie sich grob mit Ihren Besuchern vertraut, das reicht für den Anfang schon völlig aus.

Tipp 33: Einen Blog einrichten

Die Website ist eher statisch. Dort beschreiben Sie sich und Ihren bisherigen Lebensweg, Ihre Fähigkeiten und vielleicht noch ein bisschen was Persönliches. Prinzipiell wird an einer Website nicht viel geändert, wenn sie mal erstellt ist.

Wenn Sie das Ganze aber aktiv angehen, eigene Gedanken teilen, Meinungen zu aktuellen Themen veröffentlichen oder sonst wie aktiv Inhalte publizieren möchten, brauchen Sie dafür eine weitere Möglichkeit: Idealerweise einen Blog (das Wort „Blog" wird sowohl männlich als auch sächlich gebraucht; ich bevorzuge die männliche Variante: der Blog.).

Der Blog sollte Teil Ihrer Website sein, zum Beispiel in einem Unterverzeichnis (domainname.de/blog) liegen. WordPress bietet dafür mit dem Inhaltstyp „Beiträge" bereits die idealen Vorbedingungen.

Den Blog können Sie prinzipiell zwar selbst einrichten, ein bisschen Know-how muss dafür aber schon vorhanden sein. Besser, Sie lassen die einmalige Einrichtung von einem Dienstleister vornehmen. Dieser verknüpft den Blog auch gleich mit der restlichen Website und passt das Layout grafisch an die Website an.

> **Beispiel: Blogs von Lars Hahn**
> Eine aktiv bloggende Führungskraft ist Lars Hahn, Geschäftsführer der Bildungseinrichtung LVQ Weiterbildung gGmbH. Er bloggt gleich zweifach: Einmal im Unternehmensblog von LVQ auf http://www.lvq.de/karriere-blog/ und zum zweiten in seinem persönlichen Blog unter http://www.systematischkaffeetrinken.de. (s. Abb. 4)
> Das Beispiel von Lars Hahn zeigt anschaulich, was mit Blogs möglich ist. Der Unternehmensblog stellt eine zentrale Content-Plattform für das Unternehmen dar. Von dort aus werden Inhalte veröffentlicht und ins Social Web gestreut. Der Erfolg gibt ihm Recht: Der Blog ist der Teil der Website, der mit Abstand die größte Reichweite bei Google entfaltet. Durch interessante und hochrelevante Blogbeiträge erhält Google ständig „Futter", was den Wert der gesamten Website steigert. So ranken einzelne Blogbeiträge der LVQ zum Beispiel für „Bildungsgutschein" (Platz 4), „Umschulung Fortbildung" (Platz 1) oder „Jobmessen NRW" (Platz 4) auf den vordersten Platzierungen bei Google. Der Blog liefert zahlreiche neue Besucher und damit auch potenzielle Interessenten. Den persönlichen Blog nutzt Lars Hahn, um seine Positionierung als Karriereexperte zu stärken. Er rezensiert Bücher, schreibt Zusammenfassungen („Recaps") von Konferenzen, gibt Tipps zu Karriere- und Social Media-Themen oder schreibt über die Gegenwart und Zukunft der Arbeitswelt. Pro Woche veröffentlicht er ein bis zwei Beiträge. Diese Aktivität hat ihm einen treuen Leserstamm, aber auch eine hohe Reichweite im Social Web eingebracht. So folgen ihm auf Twitter alleine über 4.000 Menschen.

Manche Webprovider, bei denen Sie Domains und Websites betreiben können, bieten auch eine so genannte „One Click Installation" an. Damit lassen sich Softwares und Dienste wie eben auch WordPress mit nur einem Klick auf dem Server installieren. Damit entfällt prinzipiell die Notwendigkeit, einen Dienstleister dafür heranziehen zu müssen.

Wenn Sie nur einen Blog betreiben, der für sich alleine steht und nicht Teil der Website ist, haben Sie es nochmal ein Stück einfacher. Sie müssen dann den Blog nicht optisch an die Website anpassen oder ihn eingliedern, sondern können einfach eines von den unzähligen kostenlos oder günstig im Netz erhältlichen „Themes", also Designvorlagen, verwenden. Googlen Sie einfach nach „WordPressThemes", dann finden Sie zahlreiche Sammlungen mit den schönsten Themes. Hochwertige und günstige Premium-Themes finden Sie zum Beispiel auf http://themeforest.net.

Abb. 4 Persönlicher Blog von Lars Hahn.

Vielleicht entscheiden Sie sich aber auch dafür, auf Ihrer Unternehmensseite zu bloggen. In diesem Fall wird die Einrichtung ohnehin von der IT oder Ihrer Webagentur übernommen. In den USA sind bloggende Führungskräfte an der Tagesordnung, hierzulande finden sich nur vereinzelt Beispiele (s. Abb. 5).

Tipp 34: Blogbeiträge schreiben

In diesem Blog können Sie nun so regelmäßig Inhalte veröffentlichen, wie es Ihre Zeit zulässt und Ihre Eigen-PR-Strategie erfordert. Erstellen Sie Beiträge zu Themen, die Ihre Expertenpositionierung unterstreichen, die Sie als Meinungsmacher in Ihrer Branche vorstellen oder Ihr Unternehmen nach vorne bringen.

Die (An-)Sprache in einem Blog ist meist deutlich lockerer als beispielsweise in einer Pressemeldung. Der Blog soll Einblicke hinter die Kulissen liefern, informieren, aber auch unterhalten. Das bedeutet nicht, dass Sie Ihre Leser duzen müssen. Aber auf typische PR-Formulierungen und Werbesprech sollten Sie ebenfalls verzichten.

Wählen Sie für den Blog Themen aus, die Ihre Leser interessieren. Wenn Sie zum Beispiel eine Messe besuchen, könnten Sie Ihre Eindrücke in Wort und Bild im

Tipp 33: Einen Blog einrichten

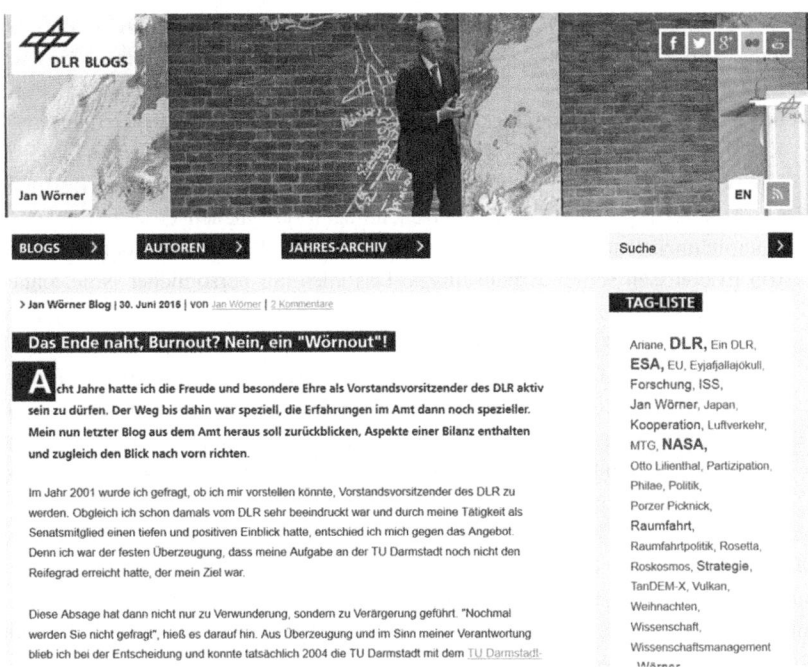

Abb. 5 Der Vorstandsvorsitzende des Deutschen Zentrums für Luft- und Raumfahrt, Jan Wörner, bloggt für das DLR

Blog festhalten. So erhält der Leser Einblicke, die er über die offiziellen PR-Organe der Unternehmen nie bekommen hätte. Genau das ist es, was einen Blog lesenswert und spannend macht. Auch kritische Töne zu aktuellen Themen, Polarisierendes oder Meinungen wider den Mainstream funktionieren im Blog sehr gut.

Obwohl der Blog als Internettagebuch gedacht ist, bedeutet das nicht, dass Sie jeden Tag einen Beitrag schreiben müssen. Das schaffen auf Dauer die wenigsten. Finden Sie stattdessen eine für Sie machbare Frequenz. Wichtig ist einfach, dass Sie eine gewisse Konstanz und Regelmäßigkeit einhalten. Vielleicht ist für Sie ein Beitrag pro Woche realisierbar. Es muss ja nicht immer ein langer Beitrag sein. Manchmal reichen schon ein paar Fotos oder ein Video, das Sie mit Ihrer persönlichen Meinung kommentiert haben, völlig aus. Solche Beiträge sind mit etwas Übung in wenigen Minuten erstellt. Und natürlich spricht auch nichts dagegen, Assistenten zur Unterstützung zu nutzen, zum Beispiel für die Korrektur, die Formatierung oder die Recherche. Nur ganz abgeben sollten Sie das Bloggen nicht, dann leiden Authentizität und Glaubwürdigkeit.

Der geschäftsführende Gesellschafter des IT-Unternehmens LANCOM Systems, Ralf Koenzen, bloggt im unternehmenseigenen Blog unter https://www.lancom-systems/blog/ (s. Abb. 6). Dieser Blog ist definitiv einen Besuch wert und stellt ein gutes Beispiel für Social Media-Kommunikation im B2B dar. Koenzen veröffentlicht im Blog regelmäßig Beiträge rund um das Thema IT. Meist nimmt er Stellung zu aktuellen Entwicklungen. So untersucht er zum Beispiel die Auswirkungen von Gerichtsentscheidungen oder neuen Gesetzen auf die Unternehmenslandschaft, kommentiert Berichte in den Medien oder berichtet von Erlebnissen seines Arbeitsalltags. Das alles mit persönlicher Note, ohne aber ins Private abzudriften.

Auch sonst macht der Blog vieles richtig. Die Beiträge lassen sich per RSS-Feed oder per E-Mail abonnieren. Social Media-Buttons erleichtern das Teilen im Social Web. Bildmaterial und Infografiken erhöhen den Nutzwert und sorgen für ein angenehmes Layout. In den Lesezeichen rechts am Seitenrand werden weitere Seiten und Blogs verlinkt, die Koenzen für lesenswert hält. Definitiv ein Best Case-Beispiel.

Machen Sie sich keine Gedanken um die richtige Länge von Blogbeiträgen, die gibt es nicht. Ein guter Beitrag kann zehn Zeilen umfassen oder 5.000 Worte. Der Inhalt ist wichtiger als die Länge. Mein bisher erfolgreichster Blogbeitrag bestand aus einem lustigen Werbevideo und einer kurzen Beschreibung des Videos als Beitrag – und hat mehr als 50.000 Leser erreicht.

Es besteht aber kein Grund dazu, sich zwanghaft kurz zu fassen. Auch längere Beiträge werden gern gelesen, wenn sie denn gut geschrieben sind. Wichtig sind dabei folgende Regeln:

- Achten Sie auf einen starken Einstieg. Machen Sie direkt in den ersten Sätzen neugierig auf das, was kommt.
- Verwenden Sie kurze Absätze von nie mehr als zehn Zeilen, eher weniger. Lange Absätze sind online schwer zu lesen und schrecken rein optisch schon direkt ab.
- Verwenden Sie regelmäßig Zwischenüberschriften. Das lockert den Text auf und erleichtert das Lesen.
- Verlinken Sie aus dem Blogbeitrag heraus auf andere Beiträge Ihres Blogs. Das erhöht die Verweildauer und die Leserbindung genauso wie die Suchmaschinenfreundlichkeit Ihres Blogs.
- Schreiben Sie einzelne Worte oder kurze Sätze fett. Auch das erhöht die Lesbarkeit.

Tipp 33: Einen Blog einrichten   57

Abb. 6   Persönlicher Messerückblick des LANCOM-Gesellschafters Ralf Koenzen.

- Wenn möglich, bauen Sie immer wieder einmal Aufzählungen ein. Leser lieben Listen, weil man sich mit relativ wenig Leseaufwand einen guten Überblick verschaffen kann.
- Verwenden Sie visuelle Elemente wie Bilder und Grafiken.

Tipp 35: Inhalte einbetten

Den letzten Punkt möchte ich in einem separaten Tipp ausführen. Online ist es sehr einfach, multimediale Inhalte einzubetten. Das sollten Sie durchaus tun, denn das macht den Blog interessanter. Versuche haben auch mehrfach gezeigt, dass

Blogbeiträge und Artikel mit zunehmender Anzahl der verwendeten Medien stärker geteilt werden.

▶ **Embedding** Beim so genannten Embedding (zu deutsch: Einbetten) werden Inhalte nicht direkt in eine Website kopiert, sondern nur eine externe Quelle über einen HTML-Code eingebunden. Viele Social Networks und Content Plattformen bieten dafür spezielle Codes ein, die in die HTML-Ansicht von Websites kopiert werden können. In der Nutzeransicht wird dann direkt das eingebundene Medium angezeigt. Gemäß des BGH-Urteils vom 9. Juli 2015 – I ZR 46/1 – ist Einbetten grundsätzlich urheberrechtlich erlaubt, sofern der eigentliche Hochlader nicht illegal gehandelt hat. Sie können also Inhalte bedenkenlos einbetten, sofern Sie nicht davon ausgehen, dass der Upload illegal erfolgte (z. B. bei TV-Mitschnitten oder Musikvideos, die von einem privaten Account und nicht vom offiziellen Urheber hochgeladen wurden).

Besonders beliebt und einfach einzubetten sind YouTube-Videos. YouTube bietet dazu unter jedem Video den Link „Teilen" an. Dort versteckt sich die Einbetten-Funktion. Der hier angezeigte HTML-Code kann einfach in den Blog kopiert oder vorher noch mit einigen Optionen (wie z. B. Größe oder Darstellung) individualisiert werden. Sobald der Embed-Code dann im Blog eingebunden ist, wird das Video als „normales" Video dargestellt und lässt sich direkt im Blog ansehen (s. Abb. 7).

Auch Slideshare-Präsentationen können mit der gleichen Methode wie YouTube-Videos in Blogbeiträge eingebettet werden. Wie das funktioniert, lesen Sie an späterer Stelle in diesem Kapitel.

Manchmal kann es auch sehr nützlich sein, Posts aus Facebook oder Instagram oder auch Tweets in einen Beitrag einzubinden, um sich darauf zu beziehen, einen Standpunkt zu verdeutlichen oder konträre Meinungen vorzustellen. Hier wird der Vorteil des Embeddings besonders deutlich. Früher hätten Sie einen Screenshot von dem Posting machen müssen, das dann als Datei abspeichern und in Ihren Blog hochladen müssen und hätten sich dann vielleicht noch Ärger mit Urheberrechten eingehandelt. Heute geht das viel einfacher. Die großen Social Networks ermöglichen alle das direkte Einbetten von Beiträgen durch entsprechende Vermerke direkt am Posting, sofern der Post öffentlich eingestellt und nicht nur an Freunde gepostet wurde (s. Abb. 8).

Eingebettete Facebook- und Instagram-Posts sowie Tweets sind für mich eine der interessantesten Möglichkeiten, den Blog inhaltlich aufzuwerten und zu erweitern. Auch deshalb, weil beim Einbetten der komplette Beitrag inklusive Hinweis auf den Absender erscheint und der Beitrag sogar direkt weitergeteilt, kommentiert oder geliked werden kann. Das ist dann auch für den Schreiber des Posts ein echter Mehrwert.

Tipp 33: Einen Blog einrichten 59

Bis dahin ist es allerdings noch ein weiter Weg, denn die Komplexität unserer Sprache mit Besonderheiten wie Ironie oder Doppeldeutigkeiten von einzelnen Worten erschweren eine zuverlässige Interpretation durch den Computer. Näheres hierzu erklärt Philipp Wex auch in unserem Expert Talk:

Körpersprache für die digitale Welt

Aber nicht nur unsere Autos müssen noch viel lernen, auch wir müssen auf dem Weg zu einer digitalen Gesellschaft noch einige Hürden nehmen. Beispielsweise indem wir lernen, worauf es bei der

Abb. 7 Eingebettetes Video im Daimler-Blog.

Tipp 36: Den Blog teilbar machen

Der Blogbeitrag ist geschrieben – jetzt sollen auch Leser auf den Blog kommen. Irgendwann werden, wenn Sie die richtigen Grundsteine gelegt haben, Besucher über Google kommen. Aber das dauert seine Zeit.

Also werden Sie den Blogbeitrag in Ihren Social Networks teilen, vielleicht bei Facebook, Twitter, XING und LinkedIn. Sofern Sie dort schon einige Kontakte haben, werden Sie so die ersten Besucher bekommen. Und jetzt wird es spannend: Teilen die Besucher den Blogbeitrag in ihrem Netzwerk weiter? Hiervon hängt in hohem Umfang die virale Reichweite Ihrer Inhalte ab.

Machen Sie es den Lesern so einfach wie möglich, Ihre Beiträge weiter zu teilen. Natürlich kann jemand die URL des Blogbeitrags aus dem Adressfeld kopieren und ihn bei Facebook einfügen, aber das ist manchen schon zu umständlich.

Abb. 8 Auch Zeitungen und Online-Portale betten häufig Social Media-Postings ein.

Leichter geht es, wenn Sie im Blog direkt Social Media Share-Buttons einfügen. Dann reicht ein einfacher Klick auf den Button und schon kann der Leser den Beitrag teilen (s. Abb. 9).

Für WordPress gibt es eine große Auswahl Plug-Ins, die solche Share-Buttons direkt in Ihren Blog einfügen. Damit ersparen Sie sich das händische Hineinkopieren der Share-Button-Codes, was natürlich genau so möglich wäre.

Zu beachten ist allerdings, dass sie standardmäßigen Buttons (zum Beispiel der bekannte Like-Button von Facebook) datenschutzrechtlich zumindest stark im Graubereich, eigentlich aber in Deutschland auf Websites nicht erlaubt sind. Der Grund dafür liegt darin, dass die Buttons automatisch und ohne aktives Zutun des Besuchers Daten über ihn an das jeweilige Netzwerk schicken. So wissen Facebook, Twitter und Co. recht genau, wo ihre Mitglieder im Netz surfen und können hochinteressante Verlaufsprofile daraus erstellen. Ein solches Weitergeben von Daten der Besucher an Dritte ist in Deutschland aber nicht erlaubt.

Es gibt mittlerweile jedoch auch eine Reihe datenschutzrechtlich sauberer Lösungen. Dabei wird dann auf die direkt von den Netzwerken angebotenen Buttons verzichtet und stattdessen die unbedenkliche Share-Funktion genutzt. Derartig nachgebaute Buttons sehen teilweise nicht nur schicker aus, sondern sind auch

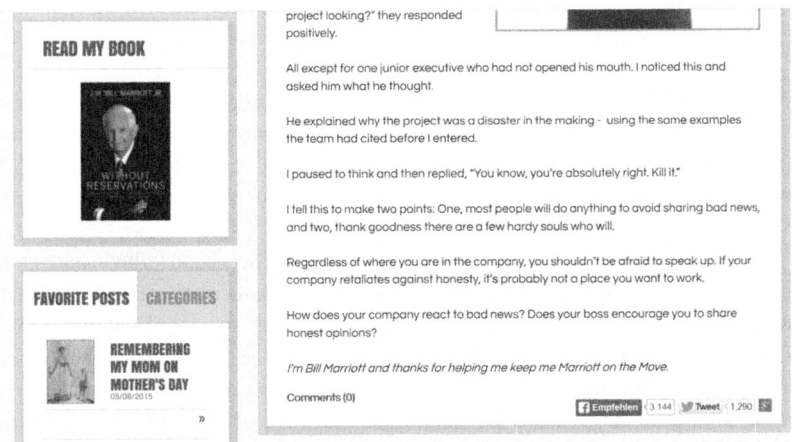

Abb. 9 Social Media Buttons im Blog von Hotel-CEO Bill Marriott.

noch rechtlich im grünen Bereich und belasten aufgrund der wegfallenden Datenübertragung auch die Ladezeit der Website bzw. des Blogs weniger.

Der Nachrichtendienst Heise.de bietet zum Beispiel unter dem Namen „Shariff" solche rechtlich sauberen Buttons als WordPress-Plug-In an (http://de.wordpress.org/plugins/shariff-sharing/). Besonders nützlich an diesem (und einigen anderen) Plug-Ins ist, dass sie sogar über WhatsApp-Share-Buttons verfügen, mit denen in der mobilen Ansicht der Website Blogbeiträge ganz einfach über WhatsApp geteilt werden können. Da immer mehr Menschen WhatsApp zum Austausch nutzen, ist das eine überaus sinnvolle Erweiterung.

Tipp 37: Blog-Kommentare nutzen

Social Media lebt vom Austausch untereinander. Sowohl von Ihrem Austausch mit anderen Experten Ihrer Branche, als auch von dem Austausch mit Ihren Lesern. Blogs enthalten daher „von Haus aus" eine Kommentarfunktion, in der Leser unter jedem Beitrag bzw. Artikel einen Kommentar hinterlassen können.

Für diese Funktion gibt es drei Einstellungen:

1. Kommentare automatisch freigeben
2. Kommentare nach Prüfung händisch freigeben
3. Keine Kommentare erlauben (Deaktivieren der Kommentarfunktion)

Wenn Sie die Kommentare automatisch freigeben, werden Sie unzählige Spam-Kommentare erhalten. Blogs, die Kommentare ohne Prüfung zulassen, sind bei Spammern heiß begehrt. Die dort hinterlassenen Kommentare werden von Spambots vollautomatisch in großem Maßstab erzeugt und dienen einzig und allein dem Zweck, einen Link dort zu hinterlassen.

Die dritte Option ist natürlich möglich, aber eben nicht „social". Ihnen entgehen viele Chancen der Leserbindung und der Aktivierung. Außerdem erfahren Sie über die Kommentare, wer Ihre Leser sind, lernen oft hochinteressante Meinungen und Sichtweisen zu Ihren Themen kennen und bauen sich eine treue Gefolgschaft unter den Bloglesern auf. Ich empfehle Ihnen ganz klar, die zweite Option zu nutzen.

Sie können sogar in Ihren Blogbeiträgen aktiv zum Kommentieren aufrufen. Manche Blogger beenden ihre Beiträge mit Fragestellungen oder Handlungsaufrufen wie „Wie seht ihr das?" oder „Hinterlasst gerne eure Erfahrungen in einem Kommentar".

Tipp 38: Ein Slideshare-Konto einrichten

Von Slideshare war im Abschnitt über Online-Recherche bereits die Rede. Jedoch ist Slideshare auch für die Selbstvermarktung äußerst wertvoll. Denn Slideshare ist eine durch und durch seriöse Business-Site, die auch von außen so wahrgenommen wird. Die Zugehörigkeit zu LinkedIn verortet sie eindeutig im B2B-Bereich. Und die gute Auffindbarkeit über Google erhöhte Slideshares Reichweite mit wenig Aufwand enorm.

Wie bei allen anderen Plattformen versteht es sich von selbst, dass Sie Ihren vollen Klarnamen angeben. Sonst stoßen die Eigen-PR-Maßnahmen natürlich recht schnell an ihre Grenzen.

Füllen Sie dann das Profil so vollständig wie möglich aus. Dazu gehören ein Profilbild, ein Beschreibungstext über Ihre Person, Links zu den anderen Social Networks, Berufsbezeichnung etc. Je vollständiger Ihr Profil ausgefüllt ist, desto besser auffindbar wird es und desto höher ist die Wirkung, die es beim Betrachter erzielt (s. Abb. 10).

Abb. 10 Ausgefülltes Slideshare-Profil

Dann sind Sie auch schon so weit und können die ersten Präsentationen hochladen. Prinzipiell ist jede Powerpoint- oder PDF-Datei dafür geeignet. Wie wäre es für den Einstieg mit Ihrer Vita als PDF oder einer Powerpoint-Präsentation über Ihre Person?

Laden Sie dann aber alle Präsentationen hoch, die Sie öffentlich verwenden dürfen und Ihren Expertenstatus untermauern. Vortragsfolien Ihrer letzten Vorträge, Artikel, die Sie geschrieben haben und so weiter. Versuchen Sie, relativ regelmäßig Inhalte zu ergänzen, dann werden Sie auch häufiger unter den neuen Inhalten bei Slideshare eingeblendet und generieren so automatisch neue Abonnenten.

Tipp 39: Präsentationen für Slideshare aufbereiten

Wenn Sie das Slideshare-Konto eingerichtet haben, sollten Sie direkt die ersten Präsentationen hochladen. Hierfür können Sie jede Powerpoint- oder PDF-Datei verwenden. Beide Formate werden beim Hochladen in eine Flash- bzw. HTML5-Anwendung umgewandelt, die dann online angesehen werden kann.

Besonders gut eignen sich optisch ansprechende Präsentationen mit außergewöhnlichem und auffälligem Design. Je nach Branche und Thema kann aber durchaus auch ein zurückhaltenderes Layout angebracht sein.

Sie haben die Möglichkeit, die Präsentationen jeweils zum Download freizugeben oder nicht. Sollten Sie sie freigeben, erhalten die Interessenten eine PDF-Version der Präsentation zum Download.

Damit die Präsentation sowohl innerhalb von Slideshare als auch bei Google ideal gefunden wird, sollten Sie alle verfügbaren Optionen ausnutzen. Dazu gehören vor allem:

- Ein ansprechender Titel, der das wichtigste Suchwort enthält.
- Die Auswahl der passenden Kategorie.
- Eine möglichst umfassende Beschreibung, die wiederum Suchbegriffe enthält.
- Tags (Schlagworte), die aus Suchbegriffen bestehen(s. Abb. 11).

Dann kann die Präsentation auch schon online gehen. Nach dem Upload sollten Sie sie direkt in Ihren Social Media-Kanälen teilen, sofern schon vorhanden. Wenn der Inhalt interessant und toll aufbereitet ist, odereinen sonstigen Mehrwert liefert, werden so auch die ersten weiteren Likes und Shares kommen. So erhalten Sie auch die ersten Follower bei Slideshare, die dann bei neuen Präsentationen automatisch benachrichtigt werden.

Tipp 38: Ein Slideshare-Konto einrichten 65

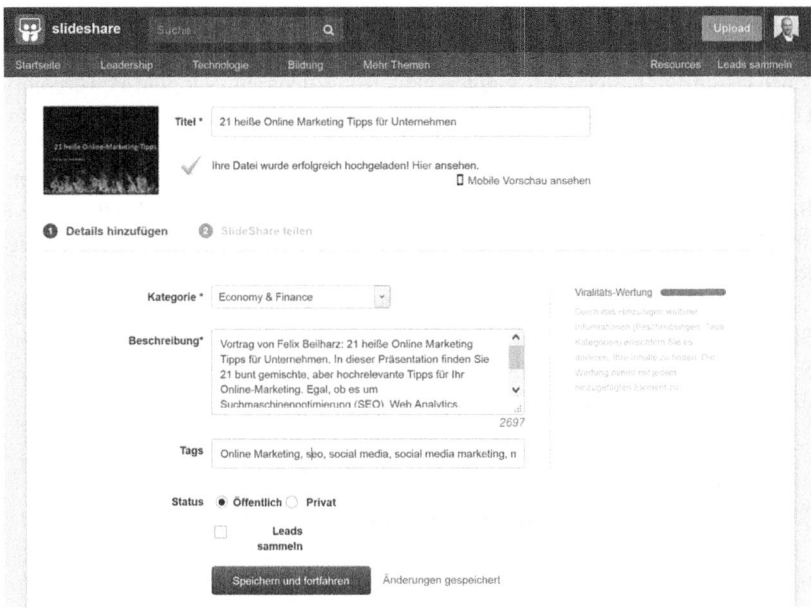

Abb. 11 Slideshare-Präsentation sinnvoll ausfüllen

Tipp 40: Regelmäßig Inhalte über Slideshare verteilen

Slideshare gehört zu der Kategorie Social Networks, die eher als „Content-Sammlung" dienen. Im Gegenzug zu Facebook oder Twitter muss man hier nicht ständig neue Inhalte präsentieren, weil der Kanal nicht auf einem Newsfeed, sondern vor allem auf der Suchfunktion basiert.

Trotzdem sollten Sie einigermaßen regelmäßig neue Präsentationen hochladen, um Ihre Reichweite zu erhöhen und relevant zu bleiben. Alle paar Wochen reicht aber völlig aus. Wenn Sie etwas zum Hochladen haben, laden Sie es hoch. Doch welche Inhalte eignen sich dafür?

Falls Sie Vorträge auf Konferenzen und Messen halten, können Sie die Präsentation wunderbar für Slideshare verwenden. Sie können die Folien sogar schon vor der Konferenz hochladen und dann den (Kurz-)Link, wo Sie den Download bereitgestellt haben, am Ende des Vortrags nennen. Hierfür eignet sich bit.ly sehr gut. Diesen Dienst lernen Sie in einem separaten Tipp kennen.

Wenn Sie zu Ihrem Thema als Experte bekannt(er) werden möchten, sollten Sie auch aktuelle Entwicklungen als PDF oder Präsentation hochladen. Basteln Sie (oder lassen Sie basteln) aus einigen aktuellen Zahlen einfach eine Powerpoint-Datei, schreiben Sie Ihre Einschätzung oder Ihr Fazit dazu und teilen Sie die Präsentation über Slideshare.

Auch PDF-Dokumente aller Art können Sie hochladen. Dafür eignen sich zum Beispiel kurze oder längere Fachartikel aus Ihrer Feder, Presseveröffentlichungen und Pressemeldungen oder sonst alles, was Sie als PDF vorliegen und wofür Sie die Rechte zur Verbreitung haben.

Wenn Sie den Kanal ganz oder teilweise für Ihr Unternehmen nutzen, können Sie natürlich auch Unternehmenspräsentationen aller Art hochladen: Datenblätter, Spezifikationen, Broschüren, Flyer, Studien, Whitepaper, Case Studies und alles, was im Netz auffindbar sein soll.

Tipp 41: Leads über Slideshare gewinnen

Falls Sie im Rahmen Ihres Eigen-PR-Konzepts E-Mail-Adressen oder physische Adressen der potenziellen Zielgruppe gewinnen möchten, bietet Slideshare auch dafür die passende Möglichkeit. Bei jeder Präsentation können Sie einstellen, ob Sie mit dieser Datei Leads generieren möchten. Allerdings ist diese Funktion nicht mehr kostenlos, sondern durch die Verknüpfung mit LinkedIn Ads kostenpflichtig geworden.

▶ **Lead** Ein Lead ist ein Kontakt bzw. ein Adressdatensatz eines potenziellen Interessenten. Im Marketing ist die Leadgenerierung, also die Gewinnung von nachfassbaren (physischen oder E-Mail-)Adressen eines der wichtigsten Ziele.

Wenn Sie auf Slideshare eine Datei hochgeladen haben, finden Sie darunter einen Button mit der Aufschrift „Leads sammeln". Dort können Sie auswählen, für welche Präsentationen Sie das Leadformular aktivieren möchten (s. Abb. 12).

In dem Formular können Sie dann entscheiden, welche Daten Sie abfragen möchten. Meist reicht die E-Mail-Adresse und vielleicht der Name aus. Weitere Felder erhöhen zwar die Nutzbarkeit der Daten, senken aber die Rate, mit der sich Interessenten eintragen, stark ab. Hier hängt es von Ihren speziellen Zielen ab, was Sie abfragen wollen.

Tipp 38: Ein Slideshare-Konto einrichten

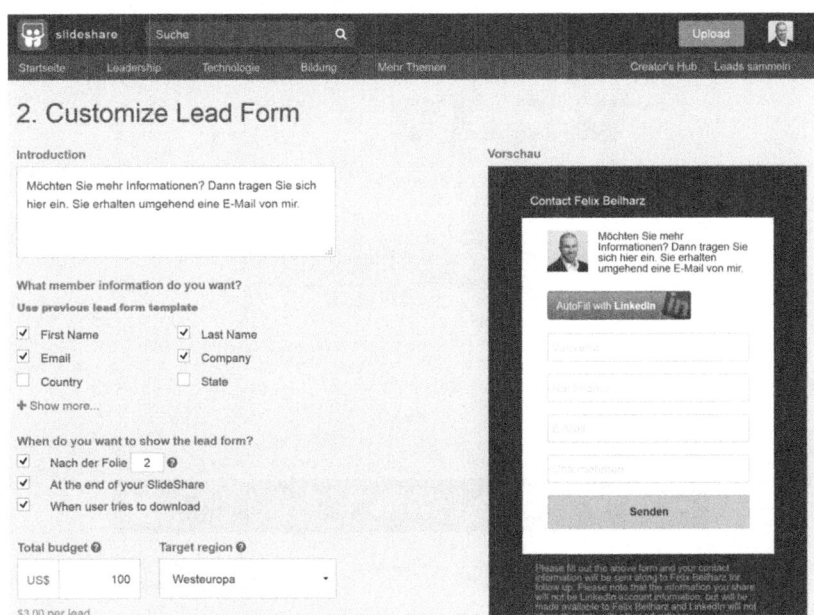

Abb. 12 Leads mit Slideshare einholen

Sie können auch definieren, wann in der Präsentation das Formular erscheinen soll. Entweder am Ende, beim Download-Versuch oder an einer definierten Stelle. Damit könnten Sie zum Beispiel auf den ersten Folien neugierig machen und dann nach der z. B. 10. Folie das Leadformular einblenden mit dem Ziel, den Nutzer zum Anfordern weiterer Informationen zu bewegen.

Tipp 42: Slideshare einbetten

Ähnlich wie bei YouTube bietet Slideshare die Möglichkeit, Präsentation nicht nur anzusehen, zu kommentieren, zu teilen oder herunterzuladen, sondern auch in Websites einzubetten. Das können Sie sowohl mit Ihren eigenen Präsentationen tun, als auch mit denen anderer Slideshare-Nutzer. Urheberrechtlich sind Sie dabei auf der sicheren Seite, da das Einbetten gemäß aktueller Rechtsprechung keine widerrecht-

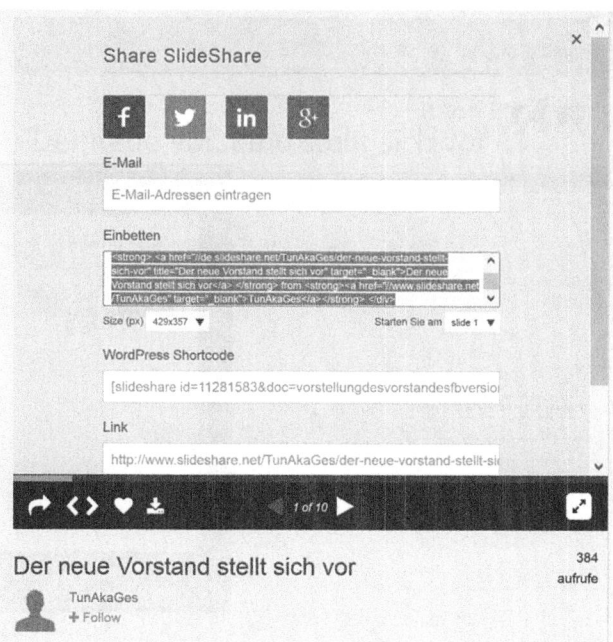

Abb. 13 Embed-Code einer Slideshare-Präsentation

liche Nutzung darstellt. Etwas anderes würde gelten, wenn Sie die Präsentation herunter- und selbst wieder neu hochladen. Gerade das tun Sie beim Einbetten aber ja nicht.

Die Einbetten-Funktion finden Sie in jeder Präsentation in der Navigationsleiste (die beiden spitzen Klammern). Beim Klick darauf erhalten Sie einen HTML-Code (s. Abb. 13). Unter diesem Code können Sie noch die Größe der einzubettenden Datei ändern und, sofern vom Nutzer freigegeben, ab welcher Folie die eingebettete Präsentation starten soll.

Diesen HTML-Code müssen Sie nun einfach in die HTML-Ansicht Ihrer Website einfügen. Das ist auch ohne Programmierkenntnisse sehr einfach möglich. Und schon wird die Präsentation an der ausgewählten Stelle Ihrer Website angezeigt (s. Abb. 14).

Mit eingebetteten Präsentationen werten Sie den Inhalt Ihres Blogs oder Ihrer Website auf und schaffen ohne Aufwand multimedialen Content. Der Leser wird animiert, sich durch die Slides zu klicken, beschäftigt sich also mehr mit Ihrer

Tipp 38: Ein Slideshare-Konto einrichten

Abb. 14 In Website eingebettete Slideshare-Präsentation

Seite. Die Verweildauer und die Weiterempfehlungsraten steigen. Das sind nur einige der positiven Effekte solch eingebetteter Präsentationen. Es lohnt sich also auf jeden Fall.

Tipp 43: Slideshare auswerten

Schließlich haben Sie die Möglichkeit, die Aufrufzahlen und weitere Statistiken Ihrer Slideshare-Präsentation zu überwachen. Auf diese Weise finden Sie heraus, welche Inhalte bei Ihren Zielgruppen besonders gut ankommen und was Sie sich in Zukunft vielleicht sparen können.

Die Analytics können Sie zu jeder Präsentation separat oder zu Ihrem Account insgesamt auswerten. Slideshare zeigt Ihnen die Anzahl der Aufrufe Ihrer Dateien, aber auch die Zahl der Interaktionen wie Likes, Kommentare oder Downloads. Sogar wer die Präsentationen geliked oder heruntergeladen hat, lässt sich zumindest teilweise auswerten.

Eine interessante Funktion, die durchaus nützlich sein kann, ist die Auswertung der „Zuschauer". Dort listet Slideshare die letzten 100 Betrachter Ihrer Präsentationen mit Datum, Herkunftsort und vor allem dem Internet Service Provider auf, den der Betrachter verwendet hat. Interessant ist das deshalb, weil bei Unternehmen, die über eine feste IP-Adresse verfügen, der Unternehmensname angezeigt wird. So finden Sie heraus, welche Unternehmen sich Ihre Präsentationen angesehen haben. Das ist insbesondere bei kleinen Unternehmen spannend. Zu wissen, dass irgendjemand von Adidas oder der Deutschen Bank die Slides angesehen hat, bringt nicht viel. Bei kleinen und mittelständischen Unternehmen lassen sich aus solchen Informationen manchmal aber interessante Rückschlüsse ziehen.

Tipp 44: Einen Twitter-Account einrichten

Twitter ist ein ideales Werkzeug für Eigen-PR. Der Kanal findet hohe Beachtung in den Medien, Tweets werden immer wieder von Zeitungen aufgegriffen und schaffen es sogar in TV-Nachrichtensendungen. Auch zur Vernetzung mit anderen Meinungsmachern eignet sich Twitter hervorragend, da die meisten Multiplikatoren Twitter auch für ihre Eigen-PR nutzen. Die große Stärke von Twitter liegt in der extrem schnellen Kommunikation durch kurze, auf den Punkt gebrachte Botschaften. Ideal, um Links zu verbreiten, Statements abzugeben oder aktuelle Entwicklungen zu kommentieren. Gerade das Thema Aktualität spielt bei Twitter eine große Rolle: Ein nicht unwesentlicher Teil der Tweets besteht aus Kommentierungen und Anmerkungen zu aktuellen Geschehnissen oder Events.

Um bei Twitter mitzumachen, benötigen Sie einen Twitter-Account. Im Gegensatz zu Facebook gibt es keine Unterscheidung zwischen privaten Profilen und Unternehmensaccounts – allen Twitter-Nutzern steht nur eine Art von Profil bzw. Account zur Verfügung.

Einen Twitter-Account legen Sie in wenigen Minuten an. Hierfür sind nur wenige Daten notwendig – ein weiterer Unterschied zu Facebook, wo bei der Einrichtung bereits sehr viele Daten abgefragt werden. Was sie zwingend benötigen, ist ein Twitter-Nutzername, auch „handle" genannt. Dieser kann maximal 15 Zeichen lang sein. Bei einigen 100 Millionen aktiven Accounts sind jedoch leider schon fast alle sinnvollen Kombinationen vergeben. Prüfen Sie trotzdem, ob Ihr Vor- und Nachname oder Ihr Nachname noch frei ist. Im Sinne der Eigen-PR sollten Sie auf Fantasienamen oder kryptische Kombinationen besser verzichten – im besten Fall ist sofort klar, dass Sie hinter dem Account stecken. Sollten Sie gar keinen freien Accountnamen mehr finden, müssen Sie sich eben doch mit einer Kombination z. B. mit Zahlen oder einer Abkürzung zufrieden geben.

Vom Aufbau her unterscheidet sich Ihr Twitter-Account nicht mehr wesentlich von den Auftritten bei Facebook oder LinkedIn. Der Account besteht aus einem großen Titelbild (Headergrafik), Ihrem Profilbild und einer kurzen Beschreibung

Tipp 44: Einen Twitter-Account einrichten

Ihrer Person (s. Abb. 15). Gerade das Profilbild taucht neben jedem Ihrer Tweets auf und sollte daher mit Bedacht gewählt werden. Idealerweise verwenden Sie das gleiche Bild wie auch bei Facebook, XING und LinkedIn, damit einen gute Wiedererkennung gewährleistet ist.

Tipp 45: Die ersten Follower generieren

Was bei Facebook die Fans sind, sind bei Twitter die Follower. Eines der primären Ziele bei Twitter besteht darin, möglichst viele relevante Follower aufzubauen, um eine maximale Reichweite für die eigenen Botschaften zu schaffen. Wohl gemerkt, es geht dabei nicht darum, eine absolut hohe Anzahl oder gar die meisten Follower zu haben, sondern eben genau die richtigen – also die, die Sie mit Ihren Nachrichten erreichen wollen.

Abb. 15 Aufbau eines Twitter-Accounts

Doch wie kommen Sie nun an Follower? Ein zentrales Prinzip bei Twitter ist das Folgen und Zurückfolgen. Das bedeutet, dass Sie erst einmal einigen Twitter-Accounts folgen sollten. Einige davon werden Ihnen zurückfolgen. Und schon haben Sie die ersten Follower. Richten Sie sich dabei tatsächlich nach Ihren Interessen und Vorlieben aus, folgen Sie all den Accounts, die Sie wirklich interessant finden. Mischen Sie dort hinein einige „strategische" Accounts, denen Sie folgen, in der Hoffnung, dass Ihnen zurückgefolgt wird.

Weitere Follower bekommen Sie, indem Sie auf anderen Kanälen über ihr neues Twitter-Engagement informieren. Nutzen Sie also zum Beispiel Ihre E-Mail Signatur, Ihre Visitenkarte, vielleicht sogar eine Pressemeldung –je nachdem, über welche Kanäle Sie verfügen.

Die meisten Follower werden Sie erst nach und nach bekommen, nämlich dann, wenn sich viral herumspricht, dass Sie einen interessanten und folgenswerten Account betreiben. Das gelingt Ihnen dann, wenn sie vor jedem Tweet überlegen, ob dieser eher für Sie oder auch wirklich für Ihre Follower interessant ist. Stellen Sie bei allem, was Sie veröffentlichen, Ihre Leser und Follower in den Vordergrund und weniger die Eigenvermarktung. Das zahlt sich im Social Web langfristig deutlich stärker aus, als immer nur über sich selbst zu berichten.

Tipp 46: Tweets schreiben

Ein Tweet besteht aus maximal 140 Zeichen. Diese Beschränkung ist für viele Anfänger erst mal schwierig. Es ist wirklich ein Lernprozess, alles Wichtige prägnant in so wenigen Buchstaben unterzubringen. Deshalb hat sich bei Twitter auch eine Art „Geheimsprache" eingebürgert. Wenn Sie sich mal ein paar Tweets durchlesen werden Sie viele Abkürzungen und unverständliche Formulierungen entdecken. Häufig werden Ihnen folgende Elemente der Twitter-Sprache auffallen:

- RT: Steht für „Retweet", also einen weitergeleiteten Tweet
- PRT: „Partial Retweet", ein auszugsweise weitergeleiteter Tweet
- pls RT: „PleaseRetweet", Bitte um einen Retweet
- THX: Kurzform für „Thanks"
- IMO / IMHO: „In my (humble) opinion", also so viel wie „Meiner Meinung nach"
- AFAIK: „As far as I know"
- FF: Follow Friday, eine Twitter-Eigenheit, freitags andere Nutzer weiter zu empfehlen

Manche dieser Abkürzungen stammen gar nicht originär von Twitter, sondern spielen auch im sonstigen Internet eine Rolle.

In vielen Tweets werden sie auch Hashtags (#) finden. Diese mit einer Raute versehenen Worte geben dem Tweet eine Kategorie. Hashtags sind zu einer Art Ausdrucksform im Social Web geworden.

Auch die schon erwähnten Bit.ly-Links finden Sie in vielen Tweets wieder. Gerade bei Twitter eignet sich der Verkürzungsdienst (oder einer der vielen anderen Dienste wie tinyurl.com, goo.gl, etc.) sehr gut, um Zeichen im Tweet einzusparen.

Dem Tweet können Sie noch ein Bild oder ein kurzes Video anhängen und ihm einen Ort zuweisen (also den Standort, wo Sie den Tweet verfasst haben) (s. Abb. 16).

Im Gegensatz zu Facebook können Sie bei Twitter allerdings keine Zielgruppen für Ihre Tweets definieren und keine größeren Privatsphären-Einstellungen vornehmen. Sie können Ihren kompletten Account sperren, so dass nur bestätigte Kontakte Ihre Tweets lesen können (was in der Praxis eher selten vorkommt). Alles andere ist öffentlich für jeden sichtbar.

Tipp 47: Die wichtigsten Twitter-Funktionen verstehen und nutzen

Im letzten Tipp sind in den Abkürzungen bereits einige der Twitter-Funktionen angeklungen. Einige davon sollten Sie häufiger nutzen, um wirklich das volle Potenzial von Twitter auszuschöpfen.

Abb. 16 Tweet des IBM-Managers Stefan Riedel mit bit.ly-Link, Erwähnung, Hashtag und Bild

Retweeten Sie gerne Beiträge, die Sie interessant und lesenswert finden. Ein Retweet entspricht in etwa einem Share auf Facebook. Den entsprechenden Button (die beiden Pfeile in Kreisform) finden Sie unter jedem Tweet, sowohl in der Desktop-Ansicht als auch in der App. Der „Regetweetete" (ja, oft fehlen einfach sinnvolle Bezeichnungen) erfährt über seine Mitteilungs-Spalte von Ihrer Weiterreichung seines Beitrags. In der Regel wird das sehr positiv aufgefasst. Und oft gewinnen Sie so sogar einen neuen Follower hinzu. Manche Accounts von DAX-Managern oder anderen, exponierten Führungskräften bestehen sogar zum größten Teil aus Retweets und nur zu einem kleinen Teil aus selbstverfassten Tweets.

Auch das **Favorisieren** gehört zu den Standardfunktionen auf Twitter. Am ehesten ist das Favorisieren mit dem Liken eines Beitrags auf Facebook zu vergleichen. Eigentlich ist das Favorisieren auf Twitter zwar als Bookmark-Funktion gedacht, wird aber erfahrungsgemäß eher als Danke und Zustimmung zu einem Tweet genutzt. Favorisieren können Sie mit Klick auf den Stern-Button unter jedem Tweet.

Ebenfalls analog zu Facebook können Sie andere Nutzer in Ihrem Tweet **markieren**. Hierfür schreiben Sie einfach das Twitter-Handle (den Nutzernamen mit dem @-Zeichen vorangestellt) in den Tweet. Auch dadurch wird beim Anderen eine Mitteilung ausgelöst. Der Sinn der Erwähnung („Mention") ist ja, dass man den Erwähnten auf den Tweet aufmerksam macht.

Diese und weitere Twitter-Funktionen dienen nicht nur dem Networking unter den Twitter-Nutzern, sondern schaffen vor allem Reichweite. Denn alles, was Sie tun (Tweets schreiben, favorisieren, retweeten etc.) taucht ungefiltert im Newsfeed Ihrer Follower auf, wird dadurch wahrgenommen und kann so für Reichweite und Bekanntheit sorgen.

Auch die bereits im Abschnitt über Recherche erwähnten Twitter-Listen können und sollten Sie nutzen.

Tipp 48: Die Mitteilungen überprüfen

Alles, was mit Ihrem Account passiert, löst eine Mitteilung an Sie aus. Deshalb sollten Sie regelmäßig mal in die Mitteilungsspalte schauen, die Sie im Desktop und in der App finden. Dort erhalten Sie eine chronologische Auflistung all Ihrer Erwähnungen, erhaltenen Retweets und Favoriten, neuen Follower, Aufnahme in Listen und allen weiteren möglichen Interaktionen, die andere Nutzer mit Ihrem Account vorgenommen haben (s. Abb. 17).

In vielen Fällen macht es Sinn, sich kurz zu bedanken. Wenn zum Beispiel jemand einen Ihrer Tweets geretweetet hat, favorisieren Sie doch diesen Retweet. Das kostet Sie nur einen Klick, freut den anderen aber und sorgt wieder für einen

Tipp 44: Einen Twitter-Account einrichten 75

Abb. 17 Twitter-Mitteilungen mit Antworten, Retweets und Favoriten

Kontaktpunkt. Auf Erwähnungen und Fragen, die an Sie gestellt sind, sollten Sie dagegen in den meisten Fällen tatsächlich antworten.

Tipp 49: Direktnachrichten schreiben

Denken Sie daran: Alles, was Sie bei Twitter tun, ist öffentlich. Auch wenn Sie an jemanden einen Tweet richten und ihn im Tweet markieren, wird der Tweet im Normalfall von allen Ihren Followern empfangen und ist auch über die Suche für jeden einsehbar. Möchten Sie jemandem dagegen eine private Nachricht schreiben, gibt es auch dafür eine passende Option bei Twitter: die Direktnachrichten.

Aus Spamschutzgründen können Sie allerdings Direktnachrichten nur an Profile schreiben, die Ihnen folgen. Diese Funktion eignet sich also eher für direkte Kontakte und persönlich Bekannte, oder wenn Sie etwas mit einem Follower direkt klären wollen. Dafür hat Twitter 2015 die Zeichenbegrenzung für Direktnachrichten aufgehoben. Sie können sich nun also auch etwas ausführlicher äußern, was in Tweets nach wie vor nicht möglich ist.

Zur Direktnachricht gelangen Sie, wenn Sie auf dem Twitter-Account der Person auf das Zahnrad-Symbol klicken.

Tipp 50: Twitter Analytics auswerten

Nachdem die Twitter-Statistiken jahrelang nur für US- und Anzeigenkunden verfügbar waren, hat Twitter 2014 die Analytics endlich auf alle Accounts ausgeweitet. Nun kann jeder Twitter-Nutzer sehen, wie seine Tweets performt haben, das heißt, wie viel Reichweite und Interaktionen jeder einzelne Tweet erhalten hat. Darüber hinaus lassen sich auch das Wachstum der Followerzahlen, die Anzahl der Profilbesuche und viele weitere Kennzahlen auswerten (s. Abb. 18). Die Analytics können Sie im eingeloggten Zustand unter https://analytics.twitter.com einsehen.

Überprüfen Sie, welche Ihrer Tweets besonders hohe Interaktionsraten erzielen. Daraus können Sie gute Rückschlüsse auf künftige Inhalte ziehen. Auch wenn Sie Ihr Followerwachstum untersuchen, werden Sie wahrscheinlich interessante Erkenntnisse gewinnen. So steigt normalerweise die Followerzahl mit zunehmender Anzahl

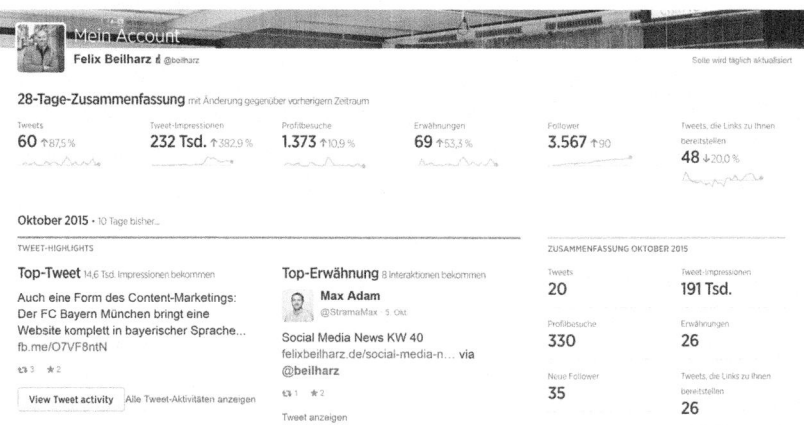

Abb. 18 Twitter-Analytics geben Einblicke in Kennzahlen des eigenen Profils

der Tweets an. Auch beim intensiven Twittern auf Veranstaltungen unter Verwendung der entsprechenden Hashtags wächst die Followerzahl meist stark an.

Tipp 51: Twitter-Tools nutzen

Prinzipiell brauchen Sie keine weiteren Tools, um mit Twitter zu arbeiten. Sie können alles, was Sie zwingend brauchen, direkt im Backend tun. Allerdings gibt es einige Tools, die Ihnen die Arbeit mit Twitter erleichtern und Ihnen weitere Optionen schaffen, die Twitter selbst nicht anbietet. Drei dieser Tools möchte ich Ihnen vorstellen.

Hootsuite (http://www.hootsuite.com) ist eigentlich kein reines Twitter-Tool, sondern ein vollwertiges Social Media Dashboard. Das bedeutet, Sie können mit Hootsuite alle Ihre Social Media-Kanäle auf einer einzigen Oberfläche administrieren. Sie können Ihr Facebook-Profil, Ihre Facebook-Seite, Ihren Twitter-Account (oder mehrere), XING und weitere Accounts mit Hootsuite verbinden und dann Postings entweder in einzelnen Kanälen oder in mehreren Kanälen parallel absetzen. Das besonders Tolle daran: Mittels Hootsuite lassen sich Postings und Tweets auch vorab erstellen und dann zu späteren Zeitpunkten automatisch veröffentlichen. Sie können also eine ganze Reihe von Tweets auf einen Schlag vorschreiben und dann z. B. jeden Tag 1–2 davon automatisiert veröffentlichen. Auf diese Weise haben Sie immer ein „Grundrauschen" in Ihrem Account, ohne ständig von Hand twittern zu müssen.

SocialBro Wenn Sie Spaß an Twitter und auch die ersten Follower gesammelt haben, sollten Sie sich SocialBro (http://www.socialbro.com) ansehen. Dabei handelt es sich um ein reines Twitter-Analysetool, das Ihnen aber viele weitere Informationen über Ihre Follower gibt, die Twitter selbst nicht ausliefert. So können Sie nicht nur die Tageszeiten ermitteln, zu welchen Ihre Follower online sind, sondern auch die Follower gezielt nach Kriterien sortieren, zum Beispiel:

- Accounts, die Ihnen zuletzt entfolgt sind
- Neue Follower in den letzten vier Wochen
- Wer folgt Ihnen nicht zurück (und ist z. B. seit drei Monaten inaktiv)?
- Einflussreiche Follower z. B. mit verifiziertem Profil oder besonders vielen Followern
- Spam-Accounts (z. B. ohne Profilbild, mit auffälligem Follower-Freunde-Verhältnis etc.).

SocialBro ist für Twitter-Fans eine wahre Fundgrube an Informationen. Das Tool gibt es kostenlos zum Download oder, in einer erweiterten und webbasierten Version, für wenige Euro im Monat.

Klear Wenn Sie Twitter noch intensiver nutzen möchten, werden Sie sich früher oder später auf die Suche nach Influencern begeben, also Accounts, die über einen höheren Einfluss bei Twitter verfügen. Wenn Sie es schaffen, dass diese Accounts Ihnen folgen und zumindest gelegentlich mal Ihre Tweets weiterreichen, kann sich Ihre Reichweite drastisch erhöhen. Ein gutes Tool zum Auffinden solcher Influencer ist klear (http://www.klear.com, ehemals twtrland.com) (s. Abb. 19). Klear ermöglicht das Auffinden von Powerusern und Influencern zu verschiedenen Themen und mit geografischer Eingrenzung. Schon mit der kostenlosen Version finden Sie so eine Reihe von Nutzern, denen zu folgen sich lohnen dürfte.

▶ **Verifizierter Account** Social Networks stehen oft vor dem Problem, dass jeder Nutzer einen Account anlegen und sich als jemand anderes ausgeben kann. Das ist in keinem Fall schön, wird aber vor allem dann problematisch, wenn der Account vorgibt, eine bekannte oder prominente Person oder ein großes Unternehmen zu sein. Da sollten die Fans oder Kunden schon eine Möglichkeit haben, zu erkennen, ob ein Profil „echt" ist oder nicht.

Bei zumindest fünf der großen Social Networks lässt sich die Echtheit des Accounts sofort erkennen: Facebook, Twitter, YouTube, Google + und Instagram. Mit Ausnahme von Google + bzw. YouTube (die zusammengehören und das gleiche Verifizierungssystem verwenden) vergeben die Netzwerke blaue Häkchen, die nach der Verifizierung neben dem Kanalnamen auftauchen (s. Abb. 20). Der blaue Haken bedeutet, dass der Account eine gewisse öffentliche Relevanz aufweist und vom Netzwerk auf Echtheit überprüft wurde. Die Vergaberichtlinien sind dabei recht unterschiedlich: Twitter scheint am strengsten zu sein, dort erhalten die blauen Haken nur Journalisten und Personen des öffentlichen Lebens, die über eine herausragende Bedeutung verfügen (Politiker, Top-Manager, Stars etc.). Facebook gibt sich da ebenso wie Instagram etwas großzügiger.

Tipp 52: Den Klout-Score überprüfen

Wäre es nicht toll, wenn man den Einfluss einer Person (auch Ihren) im Social Web einfach so anhand einer Kennzahl messen könnte? Dann könnte man auf einen Blick sagen, wer Reichweite bzw. „was zu sagen" hat und wer nicht. Genau das versucht Klout (http://www.klout.com). Klout hat schon vor Jahren eine Formel entwickelt, die im Wesentlichen misst, wie viele Menschen eine Person mit ihren Postings im Social Web erreicht bzw. wie viel Resonanz sie damit erzielt

(z. B. Retweets, Likes, etc.). Daraus ermittelt Klout dann eine Kennzahl zwischen 0 und 100, den so genannten Klout-Score (s. Abb. 21). Damit soll sich genau die obige Fragestellung schnell und einfach klären lassen.

Der Klout-Score ist in seiner Aussagekraftzurecht umstritten. Denn er stellt eine rein quantitative Betrachtung dar. Wer viel postet und viel Resonanz erzielt, hat auch einen hohen Klout-Score – egal, ob er Katzenvideos oder hochqualitative Fachartikel postet. Auch ist die genaue Berechnungsformel nicht bekannt. Und mit entsprechenden Tools lässt sich eine hohe Resonanz simulieren, die aber nicht in tatsächlicher Reichweite resultiert.

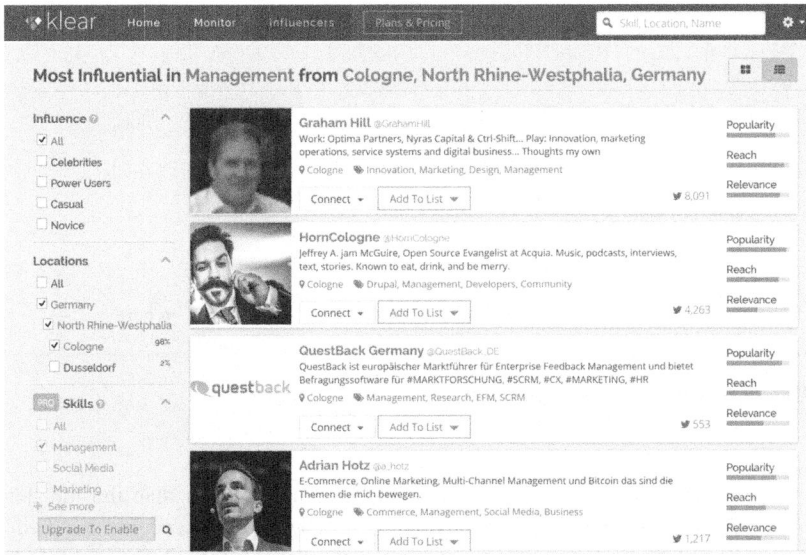

Abb. 19 Influencer finden mit klear

Abb. 20 Blauer Haken der Facebook-Seite des Autors

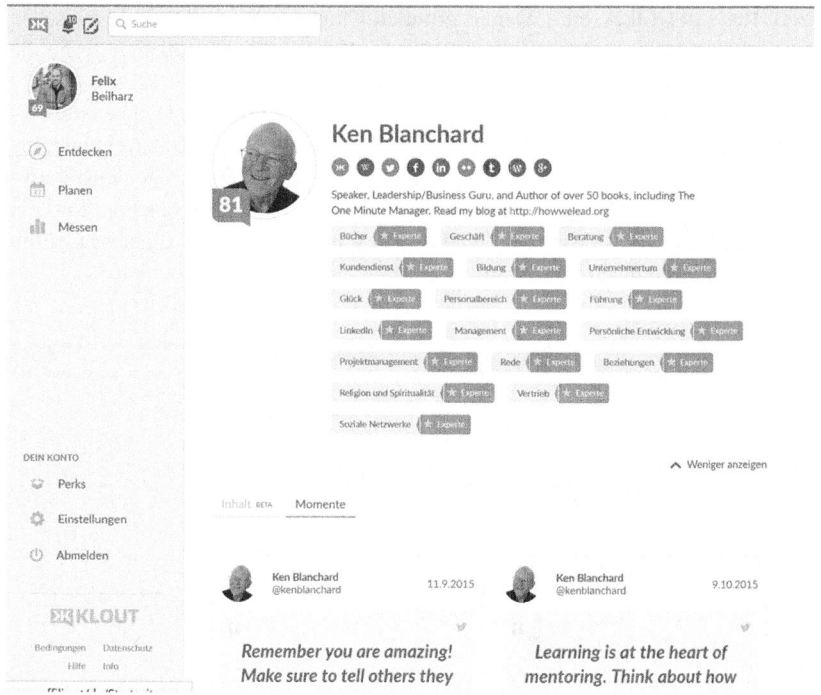

Abb. 21 Klout-Profil des Management-Beraters Ken Blanchard

Trotzdem ist der Klout-Score ein sinnvoller Ansatz, wenn man ihn mit der entsprechenden Skepsis betrachtet. Klout misst alle Twitter-Accounts standardmäßig. Das bloße Vorhandensein eines Accounts wird mit 10 Punkten belohnt. Ab dann wird's schwieriger. Wer seinen Klout-Score erhöhen will, muss zuerst mal einen Account anlegen und mit seinem Twitter-Profil verknüpfen. Danach können weitere Social Media-Kanäle (Facebook-Seite oder -Profil, Google+, LinkedIn etc.) ebenfalls verknüpft werden. Das lässt eine vollständigere Betrachtung Ihrer Reichweite zu. Der durchschnittliche Klout-Score ist übrigens 40. Den weltweit höchsten hat Barack Obama mit 99 Punkten. Ab ca. 70 gilt der Klout-Score als „Celebrity-Status". In den USA werden hohe Klout-Scores tatsächlich mit kleinen Geschenken („Perks") oder anderen Vergünstigungen belohnt, hierzulande ist das eher unüblich.

Tipp 53: YouTube-Kanal anlegen

Für die Eigen-PR ist YouTube einer der wichtigsten Kanäle. Wenn Sie sich vor einer Kamera gut verkaufen können und etwas zu sagen haben, spricht nur wenig gegen ein Engagement auf YouTube: Der Kanal ist kostenlos, Videos sind heutzutage relativ einfach erstellbar, Sie können die Videos ideal mit anderen Kanälen verknüpfen und die werbespychologische Wirkung von Videos schlägt die von Text oder einfachen Bildern bei Weitem.

Bevor Sie einen YouTube-Kanal anlegen, sollten Sie sich Gedanken darüber machen, welche Art von Videos Sie dort veröffentlichen wollen. Natürlich können Sie dieses Konzept später weiterentwickeln oder abändern, aber um den Kanal zu gestalten, ist eine grundsätzliche Ausrichtung sehr hilfreich. Sie könnten zum Beispiel

- Stellung zu aktuellen Entwicklungen nehmen
- Ereignisse kommentieren
- Know-how vermitteln
- Webinare oder Video-Chats veröffentlichen
- Fragen beantworten
- Ihre Vorträge oder Workshops mitschneiden und online stellen
- Und vieles mehr…

Es spricht auch nichts dagegen, mehrere Arten von Videos in einem Kanal unterzubringen.

Ein YouTube-Kanal ist in wenigen Minuten eingerichtet. YouTube führt Sie Schritt für Schritt durch die Erstellung, besser, als man es in einem Buch vermitteln könnte.

Legen Sie jedoch auf jeden Fall Wert auf

- ein passendes Profilbild
- eine gute Kanal-Headergrafik (beides sollte zu Ihrer Positionierung passen)
- möglichst vollständig ausgefüllte Beschreibungsfelder
- ein Link zu einem Impressum (wenn Sie den Kanal kommerziell nutzen, wovon auszugehen sein dürfte)

Den Kanal anzulegen ist der kleinste Schritt, die Herausforderung liegt eher in den Videos, die Sie mehr oder weniger regelmäßig erstellen sollten.

YouTube

YouTube ist zweifellos eine der größten Revolutionen im Medienbereich der letzten Jahrzehnte. Als kleine Video-Plattform gestartet, dauerte der Aufstieg an die Spitze der weltweiten Mediengiganten nur wenige Monate. Bereits 1,5 Jahre nach der Gründung wurde YouTube von Google für 1,31 Mrd. Euro aufgekauft.

Die Zahlen, die YouTube heute produziert, sind kaum noch vorstellbar. Jeden Tag werden mehrere hundert Millionen Stunden an Videomaterial angesehen, die Reichweite von YouTube schlägt die der größten TV-Stationen weltweit. Das Unternehmen generiert mit Werbeeinblendungen vor, während, nach, in und neben den Videos einen Umsatz von vier Milliarden Dollar jährlich.

Und ein Ende ist nicht abzusehen. Im Gegenteil – für die junge Generation ist YouTube längst ein vollwertiger Ersatz für das lineare Fernsehen geworden. Statt Stars aus dem TV oder Kino bejubeln Jugendliche heute vor allem YouTuber. Tatsächlich ist das Berufsbild des „YouTubers" kein belächeltes Randphänomen mehr. Auch die Speerspitze der deutschen Video-Blogger generiert hunderte von Millionen von Aufrufen und verdient mit ihren Videos gute fünfstellige Beträge im Monat – und das mit größtenteils unter 25 Jahren, teilweise deutlich jünger. Kanäle wie Dagi Bee, BibisBeautyPalace, dielochis oder LeFloid generieren Video-Aufrufe im dreistelligen Millionenbereich (zum Vergleich: Der offizielle Kanal der Bundesregierung hat Stand September 2015 noch nicht einmal drei Millionen Aufrufe erzielt).

Gerade für die Eigen-PR ist YouTube ein hervorragender Kanal. Bewegtbild liegt im Trend, ermöglicht die schnelle Vermittlung von Sympathie und Kompetenz, lässt auch komplexere Botschaften zu und bietet nachhaltigen Content.

Tipp 54: Videos produzieren und hochladen

Je nach der Art Ihrer Videos und dem persönlichen Qualitätsanspruch kann die Videoproduktion mehr oder weniger aufwändig ausfallen. Was Sie auf jeden Fall benötigen, ist eine gute Kamera und gutes Licht. Für professionelle Aufnahmen reicht eine Einsteiger-DSLR-Kamera oder ein guter Camcorder aus. Für die Beleuchtung verwenden viele YouTuber zwei oder drei Film- und Fotoleuchten. Noch bessere Ergebnisse erzielen Sie mit einem externen Mikrofon und einem separaten Gerät zum Aufnehmen der Tonspur. Dann noch eine Software zum Schneiden und Bearbeiten der Videos (die nicht zwingend nötig ist, mehr dazu später), schon haben Sie eine gute Ausrüstung, die alles in allem unter 1.000 Euro kostet. Nach oben geht natürlich immer mehr, aber auch mit deutlich weniger ist schon viel möglich. So produzieren sogar Smartphones heute so gute Videos, dass sie problemlos als YouTube-Videos verwendbar sind.

Ein tolles Beispiel für gelungenes Selbstmarketing auf YouTube ist Rechtsanwalt Christian Solmecke (s. Abb. 22). Seit Jahren produziert er (unterstützt durch Werkstudenten, die sich mit Medienproduktion auskennen) jede Woche mehrere

Tipp 53: YouTube-Kanal anlegen

Abb. 22 YouTube-Videos von Rechtsanwalt Christian Solmecke

Videos und veröffentlicht diese auf YouTube. Die Videos enthalten meist rechtliche Einschätzungen und Erklärungen zu aktuellen Themen, die gerade im Netz kursieren: Abmahnwellen, Gerichtsentscheidungen, Social Media Trends etc. Dazu kommen Videos mit Userfragen, Kooperationen mit anderen Anwälten und weitere Formate. Seine Videos erzielen immer vier- bis fünfstellige Aufrufzahlen, die besten Videos knapp eine halbe Million Views.

Mit diesen Videos ist es Christian Solmecke gelungen, sich als einer der sichtbarsten und bekanntesten Anwälte zu Medienrechtsthemen zu positionieren. Bereits nach kurzer Zeit wurde das Fernsehen auf ihn aufmerksam. Heute vergeht kaum eine Woche, in der er nicht mindestens einmal in einer TV-Sendung wie SternTV oder dem Frühstücksfernsehen zu sehen ist.

Tipp 55: Videos optimieren

YouTube stellt Ihnen zum Glück alles zur Verfügung, was Sie zum Bearbeiten und Optimieren der Videos benötigen. In vielen Fällen ist nicht einmal mehr ein Schnittprogramm notwendig. Der YouTube Editor (https://www.youtube.com/editor) steht allen angemeldeten Nutzern kostenlos zur Verfügung. Dort können Videos geschnitten, qualitativ optimiert, zusammengefügt, mit frei verfügbaren Soundtracks unterlegt oder mit Texteinblendungen versehen werden. Selbst nutzbare Video-Ausschnitte stehen dort zur Verfügung, die man in sein eigenes Video einbinden kann.

Trotz aller vorgefertigten Optionen gibt es einiges, das Sie beim Erstellen und Optimieren Ihrer Videos beachten sollten. Auch hier kann Christian Solmecke als Beispiel herangezogen werden. Schaut man sich seine alten Videos an, erkennt man folgenden Aufbau: Intro (ca. 10 Sekunden), Content, Outro. Das ist auch das, was eine klassische Werbeagentur für Unternehmen produzieren würde.

Dieser Aufbau ist für YouTube allerdings nur begrenzt geeignet. Mehrere Studien haben gezeigt, dass die YouTube-Nutzer insgesamt sehr ungeduldig sind und nur wenige Sekunden mitbringen, um sich von einem Video „überzeugen" zu lassen. Wenn also in den ersten Sekunden nichts passiert, werden viele wieder wegklicken. Das lässt sich in den YouTube-Statistiken leicht nachvollziehen.

Und diese Erfahrung hat auch Christian Solmecke gemacht. Die aktuellen Videos sind nach einem anderen Muster aufgebaut: Teaser, Intro, Content, Outro. Bereits vor dem Vorspann erklärt der Anwalt ein paar Sekunden lang, welche Fragestellung gleich im Video beantwortet wird und was der Zuschauer davon hat, dran zu bleiben. Erst dann kommt das (für das Branding durchaus sinnvolle) Intro, gefolgt vom eigentlichen Video. Dieser Aufbau wird auch von fast allen professionellen und erfolgreichen YouTubern genutzt.

Für mich zeigt dieses Prinzip, wie wichtig es ist, sich auf die Besonderheiten des Kanals einzustellen. Schauen Sie sich unbedingt häufiger mal Videos der führenden YouTuber an. Auch wenn Sie nicht zur Zielgruppe gehören oder mit diesen Menschen wenig gemeinsam haben – die verstehen, wie YouTube „tickt". Und manches davon kann man auch für sich übernehmen.

Ein weiteres Beispiel sind die Vorschaubildchen („Thumbnails"), die bei YouTube-Videos in der Suche oder bei sonstigen Darstellungen angezeigt werden. Die Optik der Standbilder hat einen enormen Einfluss auf die Klickrate – je auffälliger und interessanter, desto eher klicken Nutzer auf das Video. Standardmäßig bietet YouTube verschiedene Standbilder aus dem Video als Vorschaubildchen an. Selten sind diese Vorschläge jedoch wirklich geeignet.

Stattdessen sollten Sie es so machen wie alle erfolgreichen YouTuber und natürlich auch Christian Solmecke. Sie können für jedes Video ein eigenes Vorschaubildchen hochladen, das YouTube dann verwendet. Hier können Sie zum Beispiel mit auffälligen Farben, einem schicken Foto, Ihrem Logo und sogar Text arbeiten, um sofort auf das Video neugierig zu machen. Diese Vorschaubildchen werden dann nicht nur in der YouTube-Suche, sondern sogar in der Google-Suche angezeigt, wenn Ihr Video bei Google in den Suchergebnissen auftaucht (s. Abb. 23).

Darf ich hohe Beträge mit Kleingeld bezahlen ... - YouTube
www.youtube.com/watch?v=PbYW8qyH7JA
vor 2 Tagen - Hochgeladen von Kanzlei WBS
Darf ich mein **Kleingeld** loswerden, indem ich alles in kleinsten Münzen bezahle? Wir klären es in ...

Abb. 23 YouTube-Video mit auffallendem Thumbnail in der Google-Suche

Solche vermeintlichen Kleinigkeiten machen YouTube erst zu einem wirklich erfolgreichen und nachhaltigen Kanal für die Eigen-PR. Wenn Sie sich für ein Engagement auf YouTube entscheiden, lesen Sie sich auf jeden Fall etwas ein. Damit haben Sie schon einen großen Vorsprung gegenüber 80 % aller Personen und Unternehmen, die bei YouTube von Grund auf alles falsch machen. Ein guter Einstieg ist die YouTube Creator Academy, die sehr viele YouTube-Funktionen und Grundlagen des Video-Marketings anschaulich erklärt: https://creatoracademy.withgoogle.com/page/education.

Tipp 56: Videos bei YouTube auffindbar machen

Ein weiterer wichtiger Schritt auf dem Weg zu mehr Reichweite besteht darin, Ihre Videos so zu erstellen, dass sie in der YouTube (und Google-)Suche besser gefunden werden. Man spricht dabei auch von YouTube-SEO, was ein eigenes Fachgebiet der Suchmaschinenoptimierung darstellt. Vieles ist zum Glück recht leicht umzusetzen.

Machen Sie sich klar, für welche Schlagworte Ihr Video gefunden werden soll. Angenommen, Sie haben auf der HANNOVER MESSE einige Trends beobachtet und möchten Ihre Eindrücke nun per YouTube mit der Welt teilen. Dann wäre schon mal wichtig, dass Sie den Suchbegriff „Hannover Messe 2016" verwenden, denn das wird vermutlich das sein, wonach Besucher, andere Interessierte und Journalisten suchen werden.

Benennen Sie Ihre Video-Datei also am besten auch z. B. hannovermesse2016. wmv oder ähnlich, denn auch der Dateiname spielt eine Rolle beim Ranking, auch wenn er später gar nicht mehr auftaucht.

Vergeben Sie einen Titel, der ebenfalls das Haupt-Suchwort enthält und zum Ansehen einlädt. Ein passender Titel wäre zum Beispiel: „HANNOVER MESSE 2016 – Drei wichtige Trends für die XYZ-Branche".

Unterhalb des Videos können Sie einen Beschreibungstext einfügen. Dieser sollte, wenn vorhanden, ganz oben einen Link zu Ihrer Website enthalten, vor allem aber auch ein bis zwei Mal Ihren Suchbegriff. Beschreiben Sie in einigen Sätzen, worum es in Ihrem Video geht. Die Beschreibung geht deutlich in die Berechnung der Suchergebnisse ein. Gleiches gilt für die Schlagworte („Tags"), die Sie dem Video zuweisen können. Auch hier lohnt es sich, einige Sekunden darauf zu verwenden.

Manche Faktoren, die das Ranking beeinflussen, haben Sie selber nicht in der Hand. Diese ergeben sich aus guten Inhalten und einer guten Vernetzung mit Influencern. Konkret sind das:

- Anzahl der Daumenbewertungen
- Anzahl und Inhalt der Kommentare unter dem Video
- Anzahl der Einbettungen des Videos in Websites und Blogs
- Links und Shares für das Video
- Klickrate, Verweildauer und Absprungrate im Video.

Vor allem der letzte Faktor spielt mittlerweile eine wichtige Rolle. YouTube hat natürlich in den letzten zehn Jahren Milliarden von Videos ausgewertet und weiß mittlerweile recht gut, wie sich Nutzer eines interessanten Videos verhalten im Gegensatz zu Betrachtern eines eher schlechten Videos. Sie müssen es also schaffen, Ihre Zuschauer möglichst lange im Video zu halten und möglichst gute Klickraten zu erzielen.

Dabei helfen Ihnen vor allem die folgenden Tipps:

- Beginnen Sie direkt am Anfang des Videos mit einem interessanten Punkt, langweilen Sie die Zuschauer nicht mit einer langen Einleitung oder einem Vorspann.
- Halten Sie die Videos relativ kurz. Zwei bis drei Minuten sind in den meisten Fällen ausreichend.
- Sorgen Sie für Abwechslung im Video, zum Beispiel durch unterschiedliche Szenen, Hintergründe, Kameraperspektiven, etc.
- Motivieren Sie die Nutzer zur Interaktion, indem Sie zum Beispiel direkt im Video zum Kommentieren auffordern oder nach eigenen Erfahrungen der Zuschauer fragen.
- Nutzen Sie die Möglichkeiten, die YouTube bietet, zum Beispiel Infokarten und Anmerkungen (s. Abb. 24).

Tipp 57: Video-Aufrufe auswerten

YouTube stellt eine der umfangreichsten Sammlungen an Statistiken zum eigenen Kanal und zu den eigenen Videos aller Social Networks zur Verfügung. So lassen sich nicht nur die Entwicklung der Aufrufe und der Abonnentenzahlen,

Tipp 58: Facebook-Seite anlegen

Abb. 24 YouTube-Video mit so genannter „Endkarte" – Verweis auf weitere Videos, Abonnieren-Button und Link zur Website

die durchschnittliche Wiedergabedauer der Videos oder die Interaktionsraten nachvollziehen, sondern auch detaillierte Betrachtungen zum Beispiel zur geografischen Herkunft der Besucher sowie ihrer demografischen Merkmale erstellen.

Besonders interessant ist auch die Auswertung der eigenen Zuschauerbindung. Hier lässt sich für jedes Video einsehen, an welchen Stellen im Video Nutzer abspringen, wie sich die Verweildauer im Laufe des Videos entwickelt oder auch, welche Stellen mehrfach angesehen werden (s. Abb. 25). Hieraus lassen sich hochinteressante Rückschlüsse für künftige Videos und passenden Inhalt ziehen.

Die Statistiken zu Ihrem Kanal und Ihren Videos finden Sie unter https://www.youtube.com/analytics.

Tipp 58: Facebook-Seite anlegen

Facebook bietet eine großartige Möglichkeit, die eigene Reichweite zu steigern, ohne dabei allzu privat auftreten zu müssen. Neben den normalen Profilen (zu denen Sie später in diesem Buch noch Tipps erhalten) kann man bei Facebook auch Seiten bzw. Unternehmensauftritte anlegen. Dabei handelt es sich um den offiziellen Auftritt eines Unternehmens oder einer öffentlichen Person bei Facebook (s. Abb. 26). Im Gegensatz zu einem normalen Profil hat eine solche Seite keine Freunde, sondern Fans.

Abb. 25 Die Zuschauerbindung zeigt, wie viele Besucher sich die Videos wie lange angesehen haben

Wenn das Facebook-Thema ganz neu für Sie ist, lesen Sie sich erst einmal die Tipps zum Facebook-Profil in diesem Buch durch. Denn um eine Seite anlegen zu können, benötigen Sie zunächst ein Facebook-Profil. Mit diesem Profil erstellen Sie dann die Seite. Profile haben eher einen privaten Fokus, Seiten können dagegen auch kommerziell bzw. marketingmäßig genutzt werden.

Wenn Sie bei Facebook eingeloggt sind, können Sie eine solche Seite unter https://www.facebook.com/pages/create anlegen. Dort wählen Sie als erstes die Kategorie aus, die Ihnen entspricht (z. B. „Geschäftsperson", „UnternehmerIn" etc.). Danach werden Sie in einigen Schritten durch den Erstellungsprozess geleitet, an dessen Ende Sie eine zwar noch leere, aber immerhin existierende Facebook-Seite haben.

Als Namen sollten Sie natürlich Ihren eigenen Namen verwenden. Diesen können Sie gern um Elemente ergänzen, die auf die offizielle bzw. kommerzielle Ausrichtung hindeuten.

Tipp 58: Facebook-Seite anlegen

Abb. 26 Facebook-Seite der Managementberaterin Sabine Asgodom

Füllen Sie alle Felder Ihrer Seite, soweit möglich, aus. Das erhöht die Reichweite und das Vertrauen in Ihren Auftritt und sorgt für ein vollständigeres Bild Ihrer Person. Insbesondere die Kurzbeschreibung ist wichtig, da sich Interessenten so einen schnellen Überblick über Sie verschaffen können. Auch dem Profil- und Headerbild kommt, wie bei allen Social Network-Auftritten, eine hohe Bedeutung zu.

Bei einem kommerziellen Facebook-Auftritt, und dazu gehört eine Seite zu PR-Zwecken zweifellos, ist immer ein Impressum notwendig. Dieses können Sie entweder bei Facebook direkt hinterlegen oder einfach per Link zu Ihrer Website bzw. zu Ihrem Blog eintragen.

Tipp 59: Facebook-Inhalte erstellen

Es ist nicht ausreichend, einfach nur eine Seite zu haben. Die Seite dient ja nur als Kanal für Ihre Zielgruppenansprache, muss aber entsprechend mit Inhalten befüllt werden. Bei Facebook sollten Sie einigermaßen regelmäßig posten, um Ihren Followern (die bei Facebook „Fans" genannt werden) einen Anreiz zu geben, Ihnen zu folgen.

Die Inhalte, die Sie verbreiten, können im Prinzip denen entsprechen, die Sie auch bei Twitter veröffentlichen. Durch die unterschiedlichen Nutzergruppen und zeitliche Verschiebungen werden Sie auf jedem Kanal auch andere Nutzer erreichen. Dass alle Nutzer auf allen Kanälen alle Ihre Botschaften sehen, ist sehr unwahrscheinlich. Die häufige Angst davor, Nutzer durch Doppelpostings zu verärgern, ist unbegründet, sofern man es nicht übertreibt und zum „Spammer" wird.

Auf Ihrer Fanpage können Sie zum Beispiel

- Links zu Ihren Blogbeiträgen,
- Links zu anderen Beiträgen und Artikeln aus Medien,
- YouTube-Videos,
- Links zu Slideshare-Präsentationen,
- kurze oder längere Textbeiträge,
- Bilder und Grafiken

und viele weitere Inhalte posten (s. Abb. 27). Versetzen Sie sich in die Lage Ihre Zielgruppe und überlegen Sie, was Sie interessieren würde, wenn Sie selbst Teil dieser Zielgruppe wären.

Gerne können Sie auch Beiträge anderer Seiten teilen („sharen"). Unter jedem Beitrag eines Facebook-Nutzers oder einer Seite finden Sie den Like-Button, aber auch einen Link zum Teilen des Beitrags. Durch das Teilen reichen Sie den Beitrag an Ihre Leser weiter, was, guten Content vorausgesetzt, alle Beteiligten bereichert.

Abb. 27 Typischer Facebook-Post – Grafik mit Text, in diesem Fall ein Zitat

Lassen Sie sich von den Inhalten anderer Facebook-Seiten inspirieren. Facebook hat eine ganz eigene Art der Kommunikation entwickelt. Sowohl was die Länge der Beiträge als auch die Art der Bilder etc. angeht, muss man den Facebook-Stil erst lernen. Das gelingt Ihnen am besten, wenn Sie selbst Fan einiger großer Facebook-Seiten werden und sich anschauen, was, wann und wie diese ihre Inhalte veröffentlichen.

Tipp 60: Facebook-Fans gewinnen

Nun haben Sie also eine Fanpage (so nennt man die Unternehmensseiten häufig) und auch Ideen für eigene Inhalte. Die Frage ist nun, wer soll das überhaupt lesen? Facebook funktioniert vom Prinzip her so, dass Menschen Ihre Seite durch Klick auf den Like-Button abonnieren („Fan" werden) und dann künftig automatisch Postings Ihrer Seite, die Facebook für relevant hält, im Newsfeed anzeigt. Damit also Menschen Ihre Beiträge lesen können, müssen Sie erst einmal „Fans" Ihrer Seite gewinnen, also Nutzer, die Ihre Seite per Klick auf den „Gefällt mir"-Button abonnieren. Diese Fan-Generierung ist eine der zentralen Aufgaben von Fanpage-Betreibern.

Die ersten Fans werden aus dem eigenen Umfeld kommen: Freunde und Bekannte, Kollegen und Kunden. Wenn Sie bereits über ein aktiv genutztes Facebook-Profil verfügen, können Sie darüber auf Ihre Fanpage aufmerksam machen und Freunde auffordern, die Seite zu liken.

Dauerhaft kommen viele Facebook-Fans vor allem durch regelmäßig gute Inhalte zustande. Gute Inhalte bedeuten, dass Ihre Postings auch Likes, Shares und Kommentare erhalten. Dadurch erfahren auch die Facebook-Freunde der Fans von den Beiträgen und können ihrerseits Fan werden. Da ist anfangs ein bisschen Durchhaltevermögen gefragt, aber nach einigen Monaten werden Sie einen relativ konstanten Zuwachs an Fans sehen.

Gut funktioniert auch die Verknüpfung mit der Website und dem Blog. Weisen Sie an mehreren Stellen auf Ihre Fanpage hin, zum Beispiel unter jedem Blogbeitrag. Facebook bietet dafür auch spezielle Plugins an, die Sie in Ihre Website einbauen (lassen) können, insbesondere das „Page Plugin", mit dem man die Fanpage direkt auf der Website liken kann.

Am einfachsten lassen sich Fans aber per Anzeigenwerbung generieren.

Tipp 61: Facebook-Werbung schalten

Wenn Sie es mit Ihrer Facebook-Seite wirklich ernst meinen, besteht eine tolle Möglichkeit, mehr Reichweite und Interaktionen zu erhalten, darin, Facebook-

Werbeanzeigen zu schalten. Das mag im ersten Moment abschreckend wirken, aber wie schon bei den Google AdWords-Anzeigen gilt auch bei Facebook: Sie können nicht viel kaputt machen. Das System ist zumindest in den Grundzügen relativ selbsterklärend. Sie können Ihr Tagesbudget auf einen geringen Maximalbetrag deckeln (z. B. 5–10€) und alles jederzeit wieder deaktivieren oder ändern. Es lohnt sich also, mal mit Facebook-Anzeigen zu experimentieren. Nachdem Sie Ihr Anzeigenkonto unter http://facebook.com/advertising einmalig eingerichtet haben, können Sie auch direkt loslegen.

Grundsätzlich können Sie Facebook-Anzeigen für unterschiedliche Zielsetzungen schalten, zum Beispiel:

- um mehr Reichweite für einzelne Beiträge zu erzielen,
- um mehr Fans für die Fanpage zu generieren,
- um mehr Besucher für Ihre Website zu erhalten,
- um Ihrem Video mehr Views zu bescheren
- und zu vielen anderen Zwecken.

Facebook lässt Sie im ersten Schritt bereits das Ziel der Anzeigenkampagne definieren, da alle weiteren Schritte bzw. die genaue Ausgestaltung der Anzeigenerstellung davon abhängt.

Schritt für Schritt können Sie dann die Zielgruppe und räumliche Verteilung der Anzeige sowie den Anzeigeninhalt definieren. Facebook bietet eine Fülle von Möglichkeiten zur Zielgruppendefinition, die sich auch umfangreich kombinieren lassen. So können Sie zum Beispiel nur Personen ansprechen, die über 35 und noch nicht Fan Ihrer Facebook-Seite sind, in Baden-Württemberg leben, verheiratet sind und Interesse am Thema Investmentbanking haben. Facebook spielt die Anzeige dann nur an Personen aus, die dieser Spezifikation entsprechen. Zu granular dürfen Sie allerdings auch nicht filtern – in der Zielgruppe müssen mindestens 1.000 Personen enthalten sind, damit die Anzeige überhaupt ausgelöst wird (s. Abb. 28).

Die Anzeigen werden nach abgeschlossenem Erstellungsprozess gemäß Ihren Einstellungen im Newsfeed der Zielgruppen, in der rechten Seitenspalte, auf Smartphones oder sogar in Apps, die im Werbenetzwerk von Facebook involviert sind, geschaltet. Die Abrechnung können Sie ebenfalls selbst definieren. Entweder Sie bezahlen pro Anzeigeneinblendung, pro Klick oder pro sonstige Aktionen, die Facebook je nach Anzeigentyp anbietet.

In Ihrem Anzeigenkonto sehen Sie fast in Echtzeit die Leistungsdaten und Kosten Ihrer Anzeigen. So können Sie schnell gegensteuern, wenn Sie sehen, dass z. B. die Klickpreise steigen.

Abb. 28 Genaue Größe einer Facebook-Werbeanzeigen-Zielgruppe

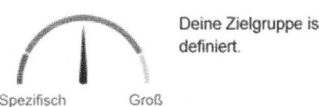

Zielgruppendefinition

Deine Zielgruppe ist definiert.

Spezifisch — Groß

Zielgruppendetails
- Ort:
  ○ Deutschland: Baden-Württemberg
- Interessen:
  ○ Investment-Banking
- Beziehungsstatus:
  ○ Verheiratet
- Ausgeschlossene Verbindungen:
  ○ Personen ausschließen, denen Felix Beilharz gefällt
- Alter:
  ○ 35 - 65+

Potenzielle Reichweite: 2600 Personen

Für Ihre Eigen-PR werden Sie vermutlich nicht viel in Werbeanzeigen investieren wollen. Wenn Sie jedoch merken, dass es Ihnen Spaß macht und Sie wirklich Resonanz bei Facebook erhalten, liegt die Schaltung von Anzeigen oft nicht fern. Sie wären nicht der Erste, der dann plötzlich tiefer in das Thema einsteigen möchte.

Tipp 62: Facebook-Statistiken auswerten

Unabhängig von den Facebook-Werbeanzeigen bietet jede Facebook-Seite auch umfassende Statistiken, die nur vom Administrator eingesehen werden können. Einzige Voraussetzung ist: Die Fanpage muss mindestens 30 Fans aufweisen, da erst dann die Auswertungen ausreichend anonymisiert sind.

Die Statistiken (Facebook Insights) zeigen Ihnen für jeden einzelnen Beitrag, wie hoch die Reichweite ausgefallen ist, also wie viele Menschen den Beitrag im Newsfeed angezeigt bekommen haben (s. Abb. 29).Die wirklich wertvollen Informationen erhalten Sie aber erst, wenn Sie auf diese Angabe klicken – dann öffnet

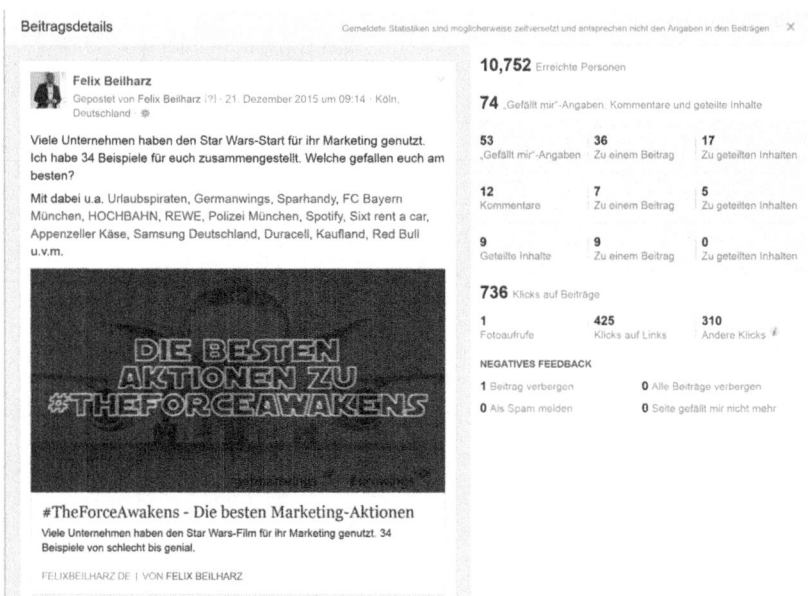

Abb. 29 Facebook-Statistik zu einem Beitrag

sich ein Fenster mit tiefergehenden Statistiken zum jeweiligen Beitrag. Sie erfahren unter anderem, wie viele Likes, Shares und Kommentare der Beitrag erzielt hat und zwar sowohl bei Ihrem eigenen Post als auch bei eventuellen Shares dieses Beitrags. Fast noch wertvoller ist aber die Angabe des negativen Feedbacks, also wie viele Personen den Beitrag oder alle Ihre Beiträge bei sich ausgeblendet oder Ihnen sogar den „Gefällt mir"-Klick wieder entzogen haben. Mit ein paar „verlorenen Schäfchen" werden Sie leben müssen, aber das Verhältnis von positivem zu negativem Feedback sollte stimmen.

Wer noch mehr Informationen benötigt, dem liefert Facebook unter http://facebook.com/insights die volle Ladung. Nach Auswahl der eigenen Fanpage können Kennzahlen zum Fanwachstum, den einzelnen Beiträgen oder den Interaktionen eingesehen werden. Facebook zeigt dort auch an, wo die Fans wohnen, welche Sprachen sie sprechen und sogar, wann die Fans tagsüber bei Facebook eingeloggt sind (s. Abb. 30). Das kann interessante Hinweise liefern, zu welchen Zeitpunkten Beiträge gepostet werden sollten, um die höchstmögliche Reichweite zu entfalten (auch wenn Facebook den Beitrag nicht unbedingt direkt nach dem Posten, sondern auch zeitlich versetzt ausspielt).

Tipp 63: Ihr Google-Suchergebnis prüfen und beherrschen

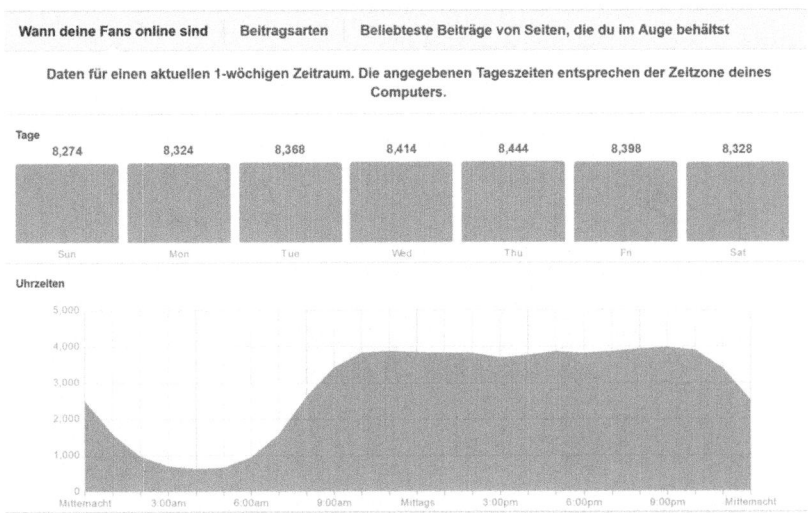

Abb. 30 Wann sind die Fans online?

Tipp 63: Ihr Google-Suchergebnis prüfen und beherrschen

Ein Ziel der Eigen-PR ist es, dass mehr Menschen aus Ihrer Zielgruppe nach Ihnen suchen. Dann sollten Sie Ihnen natürlich die richtigen Ergebnisse präsentieren. Ein wesentlicher Bestandteil liegt deshalb darin, die erste Google-Ergebnisseite zu Ihrem Namen zu „dominieren". Alles, was dort bei einer Suchanfrage zu Ihrem Namen zu finden ist, sollte Sie in bestem Licht erscheinen lassen. Also in Kurzfassung: Alle Treffer müssen sich um Sie drehen und Sie müssen dafür sorgen, dass alle Treffer die Botschaft vermitteln, die Sie über sich lesen wollen (s. Abb. 31).

Das ist besonders dann entscheidend, wenn Sie mehrere oder sogar prominente Namensvettern haben. Bei Prominenz wird es schwierig, den namensgleichen Kontrahenten von den ersten Plätzen zu verdrängen. In allen anderen Fällen haben Sie gute Chancen.

An erster Stelle sollte Ihre Website stehen. Damit haben Sie die volle Kontrolle über den Auftritt und die Inhalte, das sollten Sie sich nicht nehmen lassen. Damit aber auch die nächsten Treffer positiv in Ihrem Sinne sind, müssen Sie aktiv Hand anlegen. In erster Linie bedeutet das, Profile in den wichtigsten Social Networks

Abb. 31 Alle Treffer zum eigenen Namen sollten Ihnen gehören und eine klare Botschaft vermitteln

anzulegen. Diese werden bei Personensuchen recht gut gerankt. Füllen Sie also Ihre Profile bei

- Facebook,
- XING,
- LinkedIn,
- Twitter und
- Google+

vollständig aus und sorgen Sie dafür, dass Ihr Name mindestens einmal, besser mehrfach vorkommt.

Dann haben Sie schon mal eine gute Basis und gute Chancen, einige der Top 10-Plätze damit zu belegen.

Als nächstes sollten Sie sich darum bemühen, einige Gastartikel in bekannteren und reichweitenstärkeren Online-Portalen Ihrer Branche zu veröffentlichen. Das sollten Sie für die Reichweitensteigerung ohnehin tun, aber diese Seiten werden auch bei Google oft sehr gut gelistet. Damit belegen Sie wieder 1–2 Plätze in den Top 10, vielleicht sogar mehr.

Zusätzlich zu den organischen Treffern können Sie noch eine bezahlte Anzeige zu Ihrem Namen schalten. Schon dominieren Sie die Suchergebnisse und zeigen jedem Suchenden, dass Sie ein absoluter Experte auf Ihrem Gebiet sind. Denn Google lügt schließlich nicht…

Tipp 64: Einen Wikipedia-Eintrag erhalten

Die Königsklasse des Selbstmarketings wäre es natürlich, wenn es zu Ihrer Person einen eigenen Wikipedia-Eintrag gäbe. Dieser wird auch bei Google meist sehr weit oben angezeigt. Und kaum etwas im Internet vermittelt größere Glaubwürdigkeit als ein eigener Eintrag bei Wikipedia.

Dummerweise sind die Einträge recht schwierig zu bekommen. Ich selbst hatte eine Weile mal einen Eintrag für meine Person. Dieser wurde dann aber von einem eifrigen Redakteur gelöscht, denn als Autor muss man vier Bücher in einem öffentlichen Verlag publiziert haben. Vier Bücher hatte ich zu dem Zeitpunkt zwar, zwei davon aber im Eigenverlag meines Co-Autoren. Und schon war ich wieder raus.

Für Personen gibt es relativ klare und strenge Relevanzkriterien, wann ein eigener Wikipedia-Eintrag gerechtfertigt ist. Personen des öffentlichen Lebens wie Schauspieler, Profisportler oder DAX-Vorstandsvorsitzende haben es relativ leicht, diese Hürden zu überwinden. Die genauen Vorgaben sind unter https://de.wikipedia.org/wiki/Wikipedia:Relevanzkriterien#Personen definiert.

Die wohl noch geringsten Hürden für Personen sind:

- Professur an einer anerkannten Hochschule
- Verfasser eines anerkannten Standardwerkes zu einem bestimmten Thema
- Veröffentlichung von vier Sachbüchern in einem regulären Verlag

Insbesondere letztere Hürde lässt sich im Laufe eines Führungskräftelebens mit etwas Streben nach öffentlicher Anerkennung durchaus nehmen.

Alle anderen Kriterien dürften von „normalsterblichen" Managern oder Unternehmern nur schwer zu erfüllen sein. Einen Versuch ist es jedoch bei einigermaßen öffentlicher Relevanz trotzdem wert. Wikipedia-Einträge kann jeder anlegen, sie müssen dann nur von einem ehrenamtlichen Editor freigeschaltet werden. Ich habe schon Einträge von Personen gesehen, die eindeutig nicht den Relevanzkriterien entsprechen, aber trotzdem seit Jahren unwidersprochen online stehen. Probieren geht also auch hier über Studieren.

Tipp 65: Ihre Suchtreffer in Google überwachen

Sie sollten stets auf dem Laufenden darüber sein, wo und was über Sie geschrieben wird. Sowohl um sich bei guten Berichterstattungen darüber zu freuen, aber auch um bei negativer PR vorbereitet zu sein und reagieren zu können.

Um grundlegend über aktuelle Treffer informiert zu bleiben, können Sie Google Alerts einrichten (s. Abb. 32). Diese etwas versteckte Google-Funktion benachrichtigt Sie, sobald ein bestimmter, von Ihnen festgelegter Suchbegriff, neu von Google gefunden wird. Sie erhalten dann umgehend eine E-Mail mit den entsprechenden Fundstellen zugeschickt. Die Google Alerts können Sie mit oder ohne Google-Account unter http://www.google.de/alerts einrichten. Pro Suchbegriff müssen Sie einen neuen Alert anlegen, eine Begrenzung gibt es allerdings nicht.

Zu den Google Alerts ist jedoch zu sagen, dass sie leider nicht mehr so zuverlässig funktionieren wie noch vor einigen Jahren. Relativ viele neue Suchtreffer „rutschen" einfach durch und werden nicht mehr zugeschickt. Dagegen hilft nur, sich zumindest gelegentlich (in etwa wöchentlich) selbst zu googeln. Unterschätzen Sie nicht den Wert, zu wissen, was über Sie geschrieben wird. Selbst-Googeln hat nichts mit Egozentrik oder Selbstverliebtheit zu tun, sondern ist in unserem digitalen Zeitalter unverzichtbarer Bestandteil der Eigen-PR.

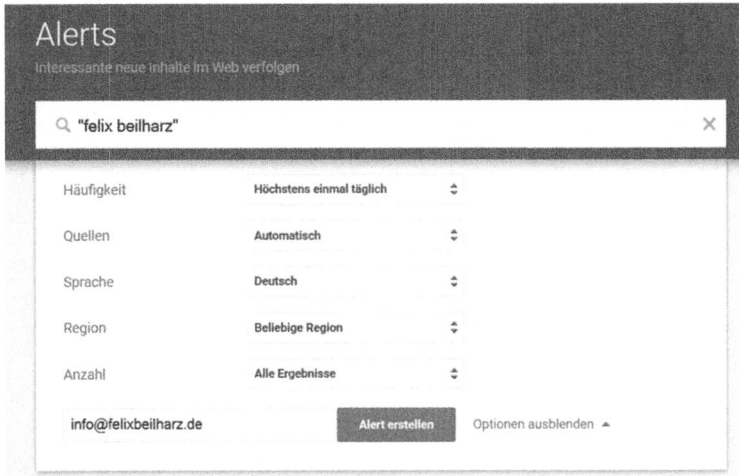

Abb. 32 Google Alerts einrichten

Tipp 66: Ihren Namen im Netz überwachen

Es gibt eine ganze Reihe von Tools, die das Prinzip der Google Alerts aufgreifen und weiterführen. Zum Beispiel mehr Quellen durchsuchen, bessere Ergebnisse liefern oder die gefundenen Ergebnisse besser darstellen. Leider ist das Durchsuchen des Internets technisch sehr aufwändig und dementsprechend sehr teuer. Daher sind alle Tools, die wirklich funktionieren, auch nicht ganz billig.

Eine Ausnahme ist alert.io (http://www.alert.io). Zwar kostet auch alert.io in den Premium-Accounts Geld, aber mit der Gratis-Version lässt sich immerhin ein einziger Begriff kostenlos überwachen. Empfehlenswert ist es daher, Ihren eigenen Namen zu überwachen. Nach dem Anmelden durchsucht alert.io diverse Online- und Social-Media-Quellen nach Erwähnungen Ihres Namens. Das ist in der heutigen Zeit enorm wichtig, um eventuell auf Fragen, Kritik, aber auch Lob und Zustimmung reagieren zu können.

Effektiveres Networking 5

Die Grenzen zwischen Eigen-PR, unternehmensbezogenem Marketing und persönlichem Networking sind fließend und verwischen durch die Social Media-Kanäle immer mehr. Wenn Sie im Blog eines Unternehmens Artikel unter Ihrem Namen veröffentlichen, stärkt das Ihre Personenmarke ebenso wie das Image des Unternehmens. Gleiches gilt, wenn Sie sich beispielsweise auf XING betätigen. Von daher sind auch die Grenzen der Kapitel in diesem Buch unscharf. In diesem Abschnitt geht es primär darum, wie Sie persönlich im Internet networken können. Wenn das gleichzeitig Ihrer Eigen-PR oder gar dem Unternehmenserfolg dient – umso besser.

XING
XING ist das führende deutschsprachige Business Netzwerk. Der Vorläufer openBC wurde 2003 gegründet. Da der Namensbestandteil „BC", der eigentlich für „Business Klub" stand, gern mit „Before Christ" übersetzt und damit völlig falsch verstanden wurde, begab man sich auf die Namenssuche und wurde 2006 mit dem neuen Namen XING fündig. Richtig ausgesprochen wird der Name übrigens so, wie man ihn schreibt, also „ksing", nicht „x-ing", „tsching" oder „crossing".

XING ist heute das einzige deutsche Social Network, das sich über die Jahre hinweg gehalten und sogar stetig Mitglieder gewonnen hat. Trotz der wachsenden Konkurrenz durch die internationale Plattform LinkedIn hält sich XING wacker.

Grundsätzlich ist die XING-Nutzung für Privatpersonen kostenlos. Das Gratis-Profil ist in seiner Funktionalität allerdings stark eingeschränkt; das kostenpflichtige Premium-Profil bietet mehr. Neben erweiterten Funktionen bietet XING den Premium-Mitgliedern auch verschiedene und teilweise zeitlich wechselnde Sonderleistungen, wie zum Beispiel Sonderkonditionen für Büroräume in mehreren Großstädten, kostenlose arbeitsrechtliche Beratung durch Anwälte, Rabatte auf Mietwagen und vieles mehr.

Tipp 67: Ein Xing-Profil anlegen

XING ist in Deutschland immer noch das größte und wahrscheinlich wichtigste Business Network. Mehr als 15 Millionen Nutzer verfügen über ein XING-Profil, davon die Hälfte im DACH-Raum.

Grundlage und Basis Ihres Networkings via XING ist Ihr persönliches Profil. Ein Profil anzulegen ist erst mal kostenlos. Allerdings sind Sie in Ihren Nutzungsmöglichkeiten eingeschränkt (zum Beispiel im Umfang der Suchfunktion, der Nutzung von privaten Nachrichten und der Überprüfung der Profilbesucher), so dass sich die wenigen Euro pro Monat für ein Premium-Profil tatsächlich lohnen.

Das XING-Profil soll Sie als Person und Experten vorstellen. Alles, was Sie später bei XING tun, findet auf oder mit Ihrem Profil statt. Es lohnt sich also, sich beim Erstellen Mühe zu geben. XING bietet deutlich mehr Möglichkeiten der Profilgestaltung als zum Beispiel Twitter und Facebook. Sie können einen kompletten (beruflichen) Lebenslauf anlegen und zahlreiche Elemente hinzufügen, die Ihr Profil für Besucher interessanter machen. Gleichzeitig wird Ihr Profil auch viel besser gefunden, wenn Sie es möglichst vollständig ausfüllen.

Als ersten Schritt sollten Sie Ihre aktuelle Arbeitsstelle sowie ein ansprechendes, passendes Profilfoto einfügen. Da es sich um ein Business-Netzwerk handelt, halten die meisten ihr Profilbild deutlich seriöser und geschäftlicher als zum Beispiel bei Facebook, wo es lockerer zugeht.

Im Rahmen der Einrichtung des Accounts und Profils können Sie auch definieren, ob Ihr Profil über Google auffindbar sein soll oder nicht (s. Abb. 1). Ersteres erhöht Ihre Reichweite enorm, da XING-Profile bei der Google-Suche nach Namen meist auf den vorderen Plätzen ranken. Wenn Sie sich eher geschlossen halten möchten, können Sie Google aber eben auch aussperren. Dann ist Ihr Profil nur in der internen XING-Suche und damit nur für XING-Mitglieder zu finden.

Auch Ihre Kontaktdaten können Sie im Profil hinterlegen, müssen sie aber nicht jedem freigeben. Viele Nutzer halten es so, dass die geschäftlichen Kontaktdaten für alle Kontakte oder sogar für alle XING-Nutzer freigegeben werden, die privaten aber nur für ausgewählte Nutzer, zum Beispiel engere Bekannte. XING bietet hier gute Einstellungsmöglichkeiten.

Tipp 68: XING-Profil ausfüllen

Wenn das Profil angelegt ist, sollten Sie es soweit mit Informationen befüllen, wie es Ihrem persönlichen Gusto, aber auch Ihren Zielen entspricht. Je mehr Sie angeben, desto mehr Reichweite, Kontakte und Anfragen werden Sie bei XING

Tipp 67: Ein Xing-Profil anlegen 103

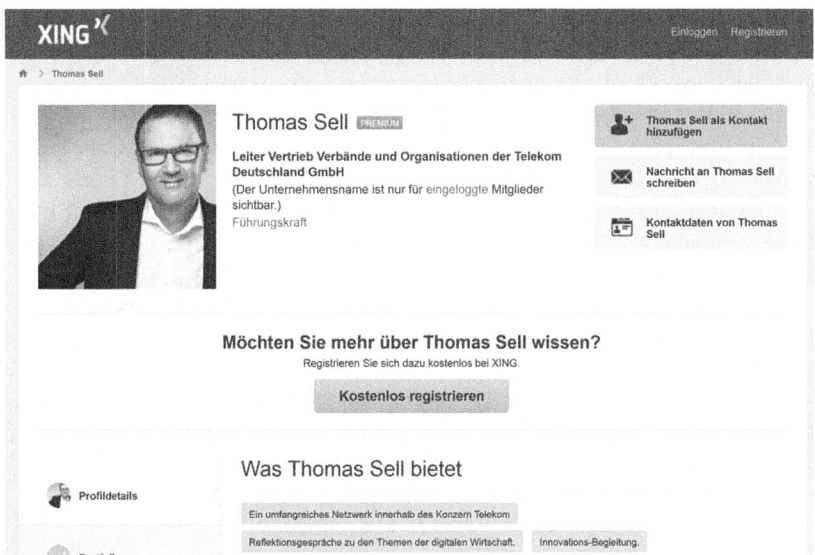

Abb. 1 Professionelles XING-Profil in der Ansicht für Nicht-Mitglieder

generieren. Aber desto transparenter machen Sie sich auch. Das ist eben nicht jedermanns Sache.

Direkt unter Ihrem Profilbild haben Sie die Möglichkeit, ein Zitat oder eine andere kurze Botschaft zu platzieren. Möglich sind hier zum Beispiel auch ein Link zu Ihrer Website oder zu Ihrer Facebook-Seite.

Zentraler Bestandteil der Seiten sind die „Ich biete" und „Ich suche"-Angaben. Bei „Ich biete" können Sie zum Beispiel Praktikums- oder Ausbildungsplätze eintragen, aber auch Ihre persönlichen Stärken, die Sie Kunden und Arbeitgebern zur Verfügung stellen. In das „Ich suche"-Feld gehören dementsprechend allgemeine Schlagworte wie „Kontakte zu ehemaligen Kollegen" oder „Auszubildende im Handel", oder aber konkrete Wünsche wie „einen Golflehrer" oder „gute Literatur über Führungsqualitäten".

Darunter können Sie nun Ihre komplette berufliche Laufbahn eintragen. Entscheiden Sie einfach, inwieweit die Stationen für Ihr heutiges Networking relevant oder notwendig sind. Die Dauer der einzelnen Positionen zeigt XING mit unterschiedlichen großen Knotenpunkten an, falls Sie ein Start- und Enddatum angegeben haben.

Auch Ihren Ausbildungsweg können Sie mit allen Stationen angeben, ebenso wie Sprachenkenntnisse, Organisationen, in denen Sie aktiv sind, Qualifikationen, über die Sie verfügen oder Auszeichnungen, die Sie gewonnen haben.

Unter dem Menüpunkt „Weitere Profile im Netz" können Sie Links zu Ihrer Website und Ihren sonstigen Social Media-Auftritten einbinden. Zusätzlich lässt sich der Twitter-Newsfeed direkt implementieren, so dass die letzten Tweets automatisch angezeigt werden. Genauso können Sie auch mit dem RSS-Feed Ihres Blogs verfahren. Allein dadurch wird Ihr Profil deutlich lebendiger und interessanter, da ständig aktueller Content eingepflegt wird.

Das Profil wird durch die Angabe von privaten Interessen abgerundet. Dieses Feld wird von vielen Nutzern freigelassen, bietet aber für Neukontakte oft gute Einstiegspunkte in ein Gespräch.

Besonders interessant ist auch die Portfolio-Funktion des XING-Profils (s. Abb. 2). Hier können Sie Texte, Bilder, Videos oder PDF-Dateien ansprechend angeordnet

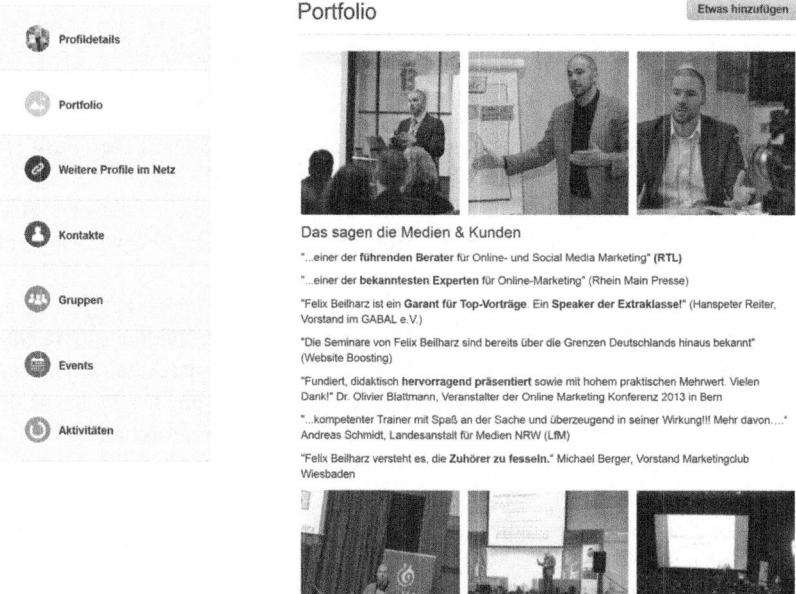

Abb. 2 Portfolio des XING-Profils des Autors

präsentieren und so Ihr Profil optisch stark aufwerten. Tatsächlich ist das Portfolio der einzige Ort im XING-Profil, wo Sie außer dem Profilbild weitere visuelle Inhalte unterbringen können. Es empfiehlt sich also sehr, diese Optionen zu nutzen, wenn das XING-Profil optisch auffallen soll.

Tipp 69: Kontakte knüpfen bei XING

Wenn Ihr XING-Profil steht, sollten Sie anfangen Kontakte zu knüpfen, um den Netzwerkgedanken tatsächlich zu realisieren. Hier bieten sich grundsätzlich zwei Vorgehensweisen an:

1. Manche Nutzer entscheiden sich dafür, nur Personen als Kontakt hinzuzufügen, die sie tatsächlich aus dem echten Leben kennen. Dadurch wird XING vor allem zu einer Art virtueller Adressdatenbank Ihrer Bekannten, Kollegen und Geschäftskontakte.
2. Die zweite Vorgehensweise besteht darin, ganz bewusst auch Personen zu kontaktieren, die (noch) nicht persönlich bekannt sind. Das Ziel hierbei ist die Vergrößerung des Kontaktnetzwerks. Da es sich bei XING um ein Online-Netzwerk handelt, ist es durchaus legitim, auch Personen anzuschreiben, mit denen man bisher noch nichts zu tun hatte, sofern ein konkreter Aufhänger gegeben ist.

In jedem Fall sollten Sie mit Personen anfangen, die Sie kennen. Kontaktieren Sie zum Beispiel:

- Kommilitonen
- ehemalige Mitschüler
- ehemalige Kollegen
- aktuelle Kollegen und Mitarbeiter
- Branchenkontakte
- Kunden und Lieferanten (wenn das in Ihrer Branche möglich oder üblich ist)
- Bekannte aus Verbänden, Vereinen, Organisationen, Ehrenämtern.

Damit haben Sie schon mal eine solide Basis an Kontakten. Jetzt wird sich der zentrale Vorteil von XING zeigen: Durch einen Kontaktalgorithmus wird XING Ihnen Personen vorstellen, die Sie vielleicht kennen könnten. Dazu werden zum Beispiel gemeinsame Kontakte, gemeinsame Unternehmen oder gemeinsame Interessen ausgewertet. Hier finden Sie garantiert Vorschläge, die Sie bereits aus dem echten Leben kennen, im ersten Anlauf aber nicht auf dem Schirm hatten (s. Abb. 3).

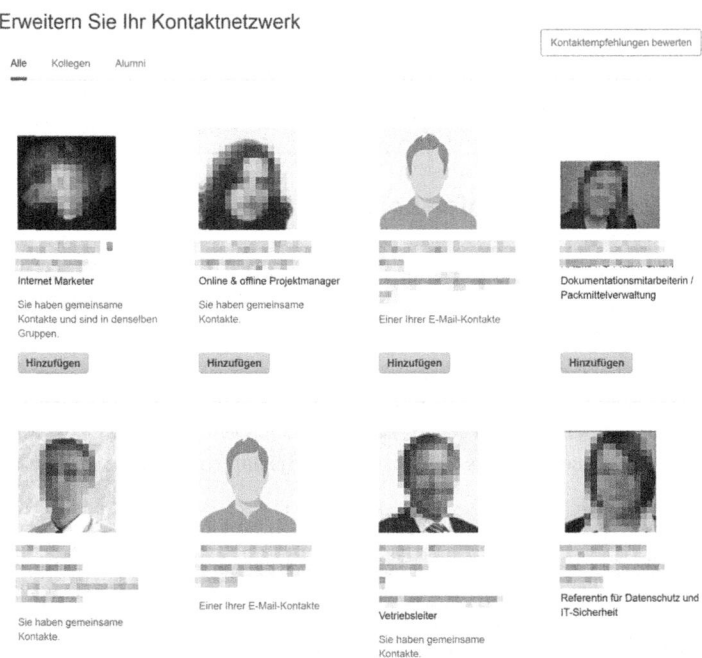

Abb. 3 Vorschläge möglicher XING-Kontakte aufgrund bestimmter Gemeinsamkeiten

XING bietet sogar die Möglichkeit, Ihr Outlook-Adressbuch mit XING abzugleichen. Dann werden alle E-Mail-Adressen aus Ihrem Adressbuch auf korrespondierende XING-Accounts überprüft und die Ergebnisse als Kontakt vorgeschlagen. So finden Sie in Sekundenschnelle zahlreiche Geschäftskontakte bei XING.

In jedem Fall empfiehlt es sich, Menschen, die Sie im echten Leben kennenlernen (z. B. neue Kunden, Messe- und Medienkontakte, Partner, etc.), zeitnah auch bei XING hinzuzufügen. So wächst Ihre Kontaktdatenbank stetig an.

Wenn Sie sich oben für die zweite Vorgehensweise entschieden haben, werden Sie nach und nach auch weitere, neue Kontakte finden wollen, die über Ihren realen Bekanntenkreis hinausgehen. Dafür können Sie die erweiterte Suchfunktion nutzen, die Sie im Abschnitt über Online-Recherche bereits kennengelernt haben. Suchen Sie nach Menschen, mit denen Sie gleich mehrere Gemeinsamkeiten haben, zum Beispiel die gleiche Hochschule, einen gleichen ehemaligen Arbeitgeber und ein gleiches Interesse. Solche Kontakte können tatsächlich später einmal wertvoll werden. Achten Sie besonders auch auf die „Ich suche"- und „Ich biete"-Angaben. Daraus ergeben sich häufig Anknüpfungspunkte für Neukontakte.

Ein guter Aufhänger kann zum Beispiel die gemeinsame Mitgliedschaft in Serviceklubs oder sonstigen Netzwerken sein (z. B. Karnevalsvereinen, Alumninetzwerken etc.). Selbst wenn man sich nicht persönlich kennt, verbindet einen doch etwas und auch ein späteres reales Treffen ist im Bereich des Möglichen.

Solch eine Kontaktanfrage, wenn persönlich und freundlich formuliert, wird sehr viel eher angenommen als wenn Sie jeden anschreiben, der „auch Interesse am Thema Management" hat.

Tipp 70: Neue Kontakte anschreiben

Bei real bekannten Personen ist das Anschreiben bei der Kontaktanfrage relativ einfach. Ein kurzer Verweis auf den Grund der Anfrage bzw. auf die persönliche Bekanntheit genügt. Der andere weiß oder kann sich schnell denken, wer Sie sind.

Schwieriger wird es bei Kontakten, die Sie noch nicht real kennen. Hier sollten Sie sich beim Anschreiben besondere Mühe geben.

Das Problem ist, dass XING seit Jahren von Kontaktsammlern „missbraucht" wird, die Tausende von Kontakten hinzufügen, um diesen dann zum Beispiel Webinar- oder Eventeinladungen, Vertriebsnachrichten oder sogar E-Mail-Newsletter zu schicken. Letzteres ist zwar nach deutschem Recht verboten, aber das scheint einen großen Teil der „Kontaktprofis" nicht zu kümmern.

Das hat aber zur Folge, dass viele XING-Nutzer bei Anfragen Fremder erst einmal skeptisch reagieren. Massenanschreiben sind recht schnell zu durchschauen und kommen nicht gut an. Ein großer Teil der XING-Kontaktsammler formuliert Aussagen wie „Synergien nutzen" oder „Kontakte schaden nur dem, der keine hat". Massenmails erkennt man auch an Einstiegssätzen wie „Ich habe gesehen, dass Sie auch XYZ". Jeder einigermaßen erfahrene XING-Nutzer weiß dann sofort, was Sache ist.

Machen Sie diese Fehler nicht! Wenn Sie Neukontakte knüpfen wollen, suchen Sie nach einem konkreten Aufhänger. Etwas, das im Einzelfall interessant oder relevant ist. Beziehen Sie sich auf tatsächliche Gemeinsamkeiten, nicht nur auf z. B. eine gemeinsame Gruppe, die 5.000 weitere Mitglieder hat.

Tipp 71: XING-Profilbesucher auswerten

Eine besonders gute Möglichkeit, Kontakte bei XING zu knüpfen, ist Premium-Mitgliedern vorbehalten. Als zahlendes Mitglied können Sie auswerten, wer Ihr XING-Profil besucht hat. Und nicht nur das: Neben den allgemeinen Profilbesuchern lässt sich auch anzeigen, wer Ihre Portfolio-Darstellung angesehen oder Ihre Firmenwebsite angeklickt hat (s. Abb. 4).

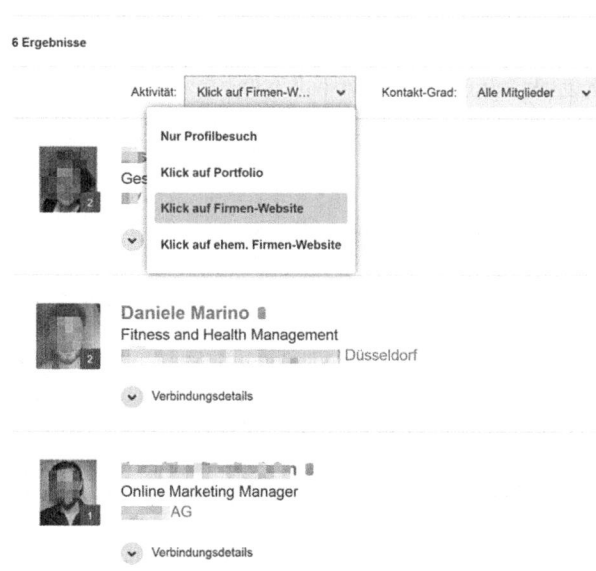

Abb. 4 Profilbesucher mit Klick auf Website auswerten

Daran lässt sich sehr gut anknüpfen: Jemand, der auf Ihrem Profil war, ist vergleichbar mit jemandem, der sich das Schaufenster eines Geschäfts angesehen hat. Interessiert, aber noch nicht wirklich ein potenzieller Kunde. Wenn aber jemand den Laden betritt und sich umschaut (in diesem Fall Ihre Website besucht), besteht offenbar gesteigertes Interesse.

In so einem Fall lohnt sich sehr oft eine Nachfrage per Direktnachricht, was derjenige denn gesucht hat und ob man ihm irgendwie weiterhelfen könne. Anhand des Unternehmens des Profilbesuchers lässt sich manchmal ja schon abschätzen, ob eine Nachricht sinnvoll sein könnte.

Mit dieser Vorgehensweise habe ich beispielsweise meinen dritten Buchvertrag erhalten. Der Verlagsgeschäftsführer hatte sich auf meinem Profil umgesehen. Ich habe per Direktnachricht nachgefragt, ob ich denn etwas für ihn tun könne. Tatsächlich war ihm ein Autor abgesprungen und er nun auf der Suche nach einem Ersatz. Wenige Wochen später war der Buchvertrag unterschrieben. So schnell kann es gehen.

Tipp 72: Statusmeldungen schreiben

Mit einem bloßen XING-Profil ist es aber noch nicht getan. Etwas Aktivität hilft Ihrem Networking deutlich auf die Sprünge. Ähnlich wie bei Facebook können Sie Ihre Kontakte auch bei XING mittels Statusmeldungen über Neuigkeiten und Interessantes informieren (s. Abb. 5). Die Statusmeldungen erscheinen dann im Newsbereich der eigenen Kontakte, vermischt mit allem anderen, was es im Netzwerk der Kontakte Neues gibt (z. B. Gruppenbeiträge, Eventempfehlungen oder neue Profilangaben).

Damit Ihre Kontakte regelmäßig wieder auf Sie aufmerksam werden, sollten Sie auch stetig Statusmeldungen veröffentlichen. Gehen Sie dabei aber auf jeden Fall professioneller und etwas zurückhaltender vor, als Sie es bei Facebook vielleicht tun. XING als reines Business-Netzwerk hat ungeschriebene Regeln über

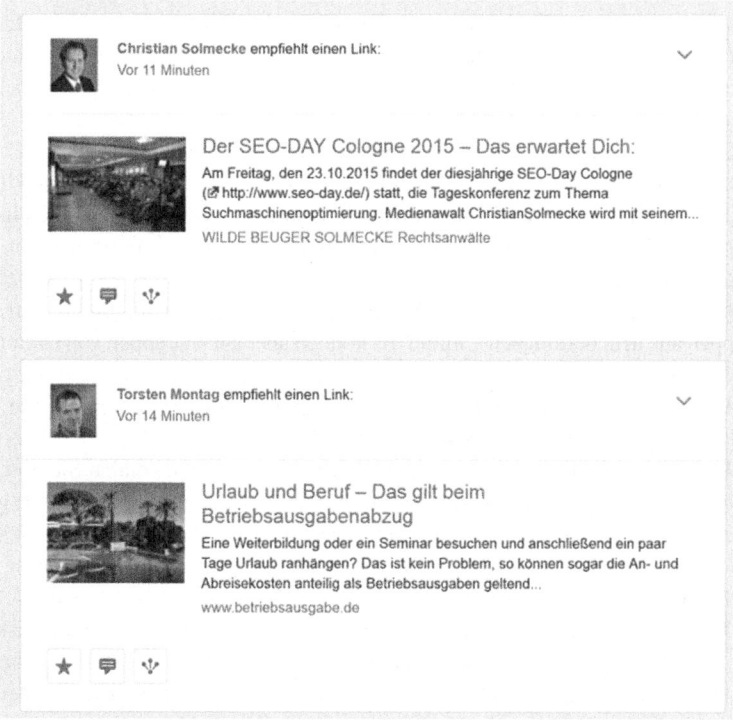

Abb. 5 XING-Statusmeldungen im Newsfeed

akzeptiertes Verhalten. Witze oder ironische Statusmeldungen sieht man so gut wie nie. Bilder sind technisch erst gar nicht möglich.

Als Statusmeldung eignen sich kommentierte Linkempfehlungen hervorragend. Posten Sie am besten regelmäßig Links zu Artikeln, die für Ihre Kontakte interessant sein könnten. Dabei kann es sich um Ihre eigenen Artikel und Blogbeiträge handeln, aber auch um fremde Blogartikel, Artikel aus Fachzeitschriften, Nachrichtenmeldungen oder YouTube-Videos.

Die Statusmeldungen sollen Sie als wertvollen und hilfreichen Kontakt empfehlen, Ihre Expertenpositionierung stützen und Sie bei Ihren Kontakten positiv in Erinnerung bleiben lassen. Das gibt schon einen guten Rahmen für das, was Sie als Statusmeldungen posten sollten – oder eher nicht.

Tipp 73: XING-Gruppen nutzen

Eine der wertvollsten Funktionen von XING sind die XING-Gruppen. Im Laufe der Jahre haben sich mehrere zehntausend Gruppen im Netzwerk gebildet. Manche liegen schon lange brach und weisen keinerlei Aktivität auf, andere dagegen beherbergen tausende aktive Mitglieder.

Zuerst einmal können Sie zwischen den offiziellen XING-Gruppen (z. B. verschiedene Regionalgruppen, Branchengruppen oder Hochschulgruppen) und inoffiziellen Gruppen unterscheiden. Prinzipiell kann jeder XING-Nutzer eine eigene Gruppe einrichten. Diese muss dann zwar durch XING freigeschaltet werden, die Hürden sind aber sehr gering.

Suchen Sie sich einige Gruppen heraus, die Ihnen zusagen. Häufig sind das Gruppen aus dem beruflichen Umfeld. Es können aber auch Gruppen von Organisationen sein, in denen Sie Mitglied sind (Serviceklubs, Verbände, etc.). Auch viele Hochschulen, Stiftungen und andere Einrichtungen haben Alumnigruppen bei XING. Die Gruppen-Suche gibt Ihnen Aufschluss (s. Abb. 6).

Wenn Sie Gruppen gefunden haben, die Sie interessieren, können Sie dort um Aufnahme bitten. In der Regel müssen Sie einige Worte schreiben, warum Sie gern in der Gruppe mitmachen möchten. Nach der Aufnahme ist es dann Usus, sich kurz in einem Forenbeitrag vorzustellen. Oft gibt es dazu auch ein spezielles Forum, nur für die Vorstellung neuer Mitglieder.

Die Foren sind auch schon das Kernstück der Gruppen. Hier findet die Diskussion statt. Sie können dort Fragen stellen oder in den Austausch zu bereits bestehenden Beiträgen einsteigen. Oft ergeben sich so sehr lebendige und bereichernde Gespräche auf recht hohem fachlichem und persönlichem Niveau.

Tipp 67: Ein Xing-Profil anlegen 111

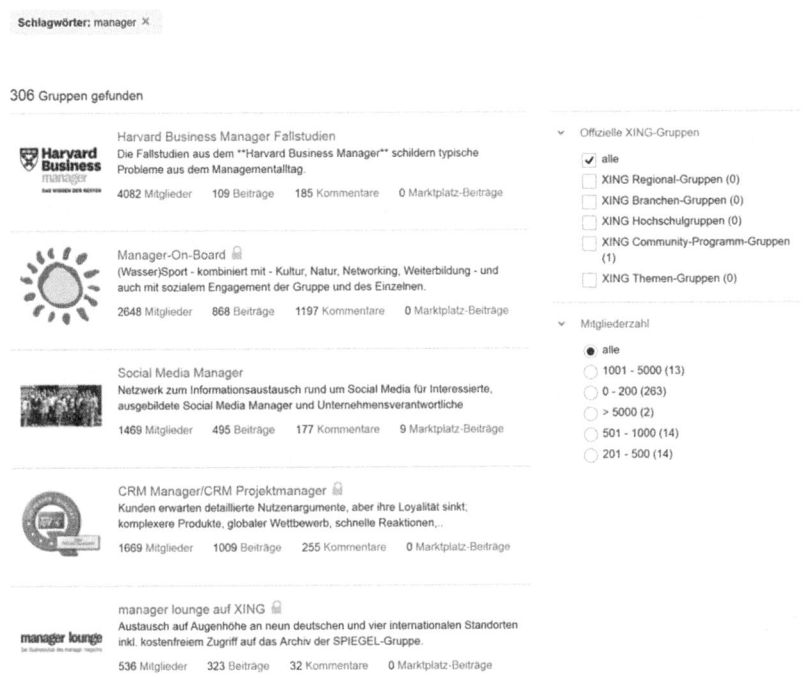

Abb. 6   306 XING-Gruppen zum Schlagwort „Manager", davon auch einige mit mehreren tausend Mitgliedern

Tipp 74: Zu lokalen XING-Treffen gehen

Wenn Sie das XING-Networking eine Stufe weiter führen wollen, können Sie mal bei einem der vielen Offline-Treffen, die von oder via XING organisiert werden, vorbeischauen. In fast allen großen Städten gibt es solche Treffen. Die XING-Treffen werden meist von den Regionalgruppen oder auch Einzelpersonen organisiert und über XING ausgeschrieben. Ein Blick in die Event-Suche hilft dort weiter.

Auf einem solchen XING-Treffen lernen Sie die unterschiedlichsten Menschen kennen. Erwartungsgemäß ist der Anteil an Coaches, Verkäufern, Maklern und sonstigen selbstständigen oder freiberuflichen Akteuren, die primär aus vertrieblichem Interesse dorthin gehen, relativ hoch. Dessen muss man sich einfach vorher bewusst sein.

Tipp 75: XING erweitert nutzen

Neben der reinen XING-Plattform gibt es Services von XING oder von Drittanbietern, die das Arbeiten mit XING ergänzen und erleichtern.

Vor allen anderen ist hier die XING-App zu nennen. Damit holen Sie sich alle Ihre Kontakte auf Ihr Smartphone. Die Kontakte werden auf Wunsch in Ihr Adressbuch übertragen, so dass Sie je nach Datenfreigabe direkten Zugriff auf die Telefonnummern und weitere Adressdaten haben. Gleichzeitig können Sie Ihre Kontakte aus dem Adressbuch bei XING ausfindig machen und so Ihr Kontaktnetzwerk erweitern. Leider funktioniert die App auch nach einigen Jahren auf dem Markt noch immer nicht fehlerfrei und flüssig, was sich aber bereits stark gebessert hat.

Ebenfalls interessant ist „XING for Outlook". Dieses Tool verknüpft Ihr Outlook mit Ihrem XING-Konto und bringt alle Ihre XING-Kontakte in Ihr E-Mail-Programm. Andersrum können Sie auch Ihre E-Mail-Kontakte per Knopfdruck als XING-Kontakt anfragen.

Alle aktuellen Apps und Erweiterungsdienste für XING finden Sie unter https://www.xing.com/apps.

Tipp 76: Ein LinkedIn-Profil anlegen

In den letzten Jahren hat LinkedIn auch in Deutschland immer mehr an Bedeutung gewonnen. LinkedIn gilt als internationales Pendant zu XING und sollte insbesondere mit Blick auf die Zukunft genau im Auge behalten werden. Legen Sie sich am besten auch ein Profil bei LinkedIn an.

Genau wie bei XING ist die Grundversion des Profils kostenfrei. Allerdings kosten die verschiedenen Premium-Upgrades deutlich mehr als bei XING – zwischen € 21,99 und € 89,95 pro Monat, je nach Funktionsumfang. Für die meisten Gelegenheitsnutzer ist daher das Gratis-Profil erst einmal völlig ausreichend.

LinkedIn

LinkedIn ist der größte Konkurrent von XING. Wenn man das überhaupt so sagen kann, denn LinkedIn hat mehr als 20 Mal so viele Mitglieder als XING. Im DACH-Raum liegt XING allerdings noch deutlich vor LinkedIn.

LinkedIn wurde, wie auch XING (bzw. der Vorläufer openBC) 2003 gegründet und ist eine börsennotierte Aktiengesellschaft. Gerade im englischen Sprachraum kommt LinkedIn eine sehr hohe Bedeutung als Business-Plattform zu. Nahezu alle großen Unternehmen verfügen dort über Auftritte, um Geschäftskontakte und Mitarbeitermarketing voranzutreiben.

Von den Grundfunktionen ist LinkedIn ähnlich wie XING und Facebook aufgebaut: Den Mitgliedern stehen persönliche Profile, ein Newsfeed, Unternehmensseiten und Gruppen zum Austausch zur Verfügung.

Tipp 77: Das LinkedIn-Profil ausfüllen

Lange Zeit war LinkedIn XING meilenweit voraus, was den Funktionsumfang des Profils anging. Zwar hat XING mittlerweile nachgebessert, aber LinkedIn steht ebenfalls nicht still. Schon die Gratis-Profile bieten eine Menge Möglichkeiten, sich selbst im Netzwerk darzustellen.

Natürlich lassen sich allgemeine Angaben wie Berufsbezeichnung und Arbeitsplatz, bisherige berufliche Stationen oder Studium und Ausbildung machen. Darüber hinaus bietet LinkedIn aber eine Menge weiterer Datenfelder, die in der Regel mit Text, Bild, Downloads und sogar Videos befüllt werden können. Unter anderem können Sie

- Kurse und Prüfungen
- Patente und Auszeichnungen,
- Hilfsorganisationen und ehrenamtliche Tätigkeiten

und viele weitere Profilangaben eintragen (s. Abb. 7).

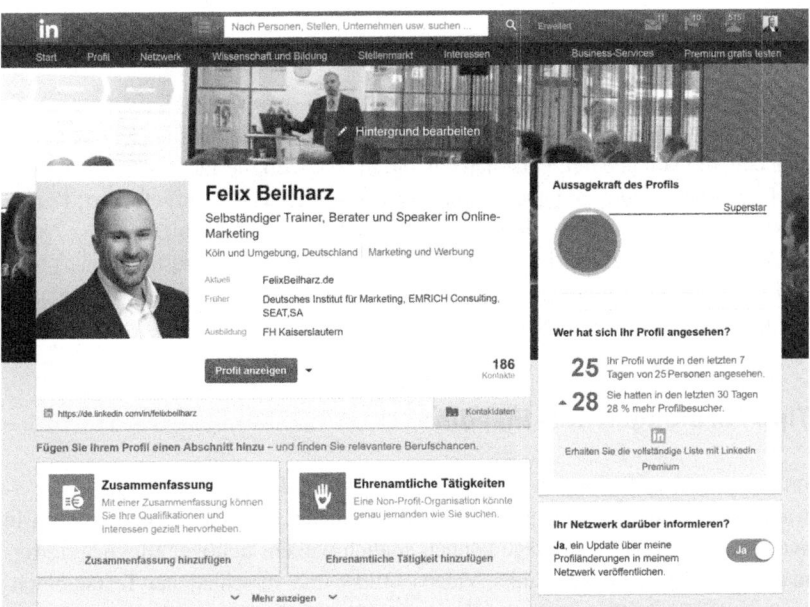

Abb. 7 Profil bei LinkedIn

Kenntnisse und Bestätigungen

Top-Kenntnisse

- **23** Online-Marketing
- **20** Social Media Marketing
- **10** Social Media
- **10** Google Analytics
- **9** SEO
- **5** Marketing
- **5** SEM
- **4** Digital Marketing
- **3** Digitales Marketing
- **3** E-Commerce

Abb. 8 Bestätigte Kenntnisse im LinkedIn-Profil

Ähnlich wie bei XING können Sie im Profil eigene Kenntnisse in Schlagworten angeben, die von anderen Personen aus Ihrem Netzwerk bestätigt werden können. Im Gegenzug werden Sie auch immer wieder von LinkedIn aufgefordert, Kenntnisse anderer Personen aus Ihrem Netzwerk zu bestätigen (s. Abb. 8).

Aktuell ist das LinkedIn-Profil aufgrund der leicht hinzuzufügenden Bilder, Videos und anderer Elemente noch deutlich prägnanter und grafisch ansprechender als das Gegenstück bei XING.

Tipp 78: Bloggen auf LinkedIn

Im Spätsommer 2015 wurde bei LinkedIn eine neue Funktion eingeführt. Wer etwas zu sagen, aber keinen eigenen Blog hat, kann nun Beiträge direkt auf LinkedIn veröffentlichen. Diese Beiträge können ähnlich wie ein richtiger Blogbeitrag formatiert werden, inklusive Links, Videos, Bilder und verschiedener Textauszeichnungen (Überschriften, Fett- und Kursivschrift etc.).

Tipp 76: Ein LinkedIn-Profil anlegen

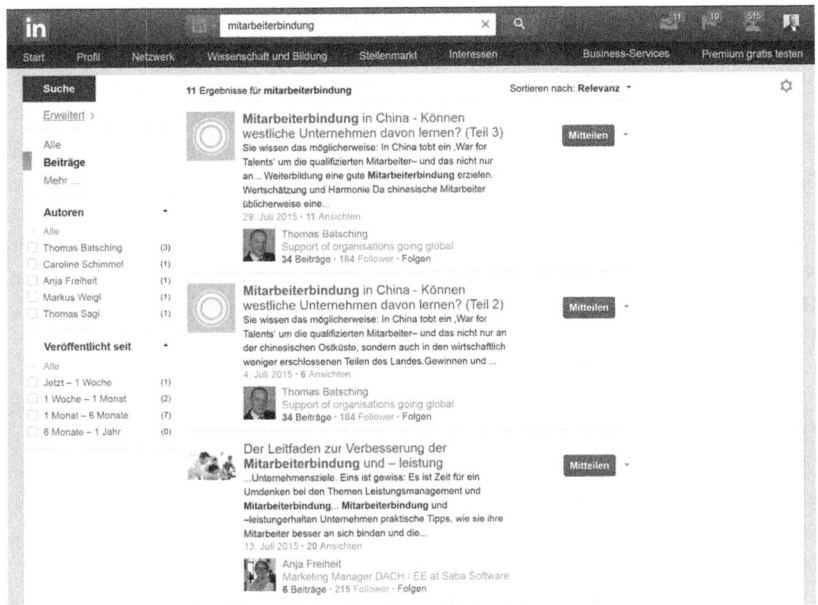

Abb. 9 Suche nach Beiträgen auf LinkedIn

Diese Blog-Funktion, die mittlerweile in ähnlicher Form auch bei Facebook zur Verfügung steht, senkt die Einstiegshürde für die Verbreitung eigener Beiträge erneut. Ein simples LinkedIn-Profil reicht nun aus. Die geschriebenen Beiträge werden über den LinkedIn-Newsfeed im eigenen Kontaktnetzwerk verbreitet und können von dort aus eine recht hohe Weiterverbreitung erfahren – die richtigen Inhalte, den richtigen Zeitpunkt und ein Quäntchen Glück vorausgesetzt.

Allerdings entgehen Ihnen beim Bloggen auf LinkedIn die im Kapitel über Blogs erwähnten Vorteile: Hoheit über Ihre Inhalte, Generierung von Traffic auf Ihre eigenen Kanäle, etc. Eine Mischstrategie scheint angebracht: Kleinere oder sehr zeitkritische Beiträge auf LinkedIn und längere, dauerhaftere Beiträge im eigenen Blog.

Über die LinkedIn-Suche lässt sich übrigens auch gezielt in Beiträgen stöbern (s. Abb. 9). Ähnlich wie bei Slideshare lohnt es sich, dort einmal nach den eigenen Themen zu suchen. Sie finden sicher interessante Impulse und Personen, mit denen sich ein Austausch lohnt.

Tipp 79: In LinkedIn-Gruppen engagieren

Naheliegenderweise gibt es auch auf LinkedIn Gruppen, ähnlich denen, die wir schon bei XING kennengelernt haben. Allerdings deutlich mehr – über zwei Millionen Gruppen sind bisher entstanden. Seit Oktober 2015 sind alle Gruppen nur noch nach Anmeldung bzw. Registrierung in der Gruppe nutzbar, es gibt also keine offenen Gruppen mehr.

In den über zwei Millionen Gruppen sind sicherlich auch einige dabei, die für Sie von beruflichem Interesse sind. Das Prinzip ist ähnlich wie bei XING. Den Hauptteil der Gruppen stellen die Diskussionen dar, die dem Forenprinzip ähneln. Für kommerzielle Inhalte gibt es einen eigenen Bereich in den Gruppen („Werbung"), ebenso für Stellenanzeigen („Stellenmarkt").

Natürlich verfügen die Gruppen auch über eine Suchfunktion, um relevante Diskussionsthemen zu finden.

Die Gruppen, in denen eine Person Mitglied ist, werden übrigens im Profil angezeigt (s. Abb. 10). Es lohnt sich daher, bei Kollegen, Branchenkontakten und interessanten Personen nachzusehen und so auf relevante Gruppen zu stoßen, die Sie bisher vielleicht noch nicht kannten.

Facebook

Facebook hat das Internetverhalten der Menschen geprägt wie kein zweiter Dienst. Mehr als 1,4 Milliarden Menschen sind mittlerweile auf Facebook aktiv, jeden Tag loggen sich mehr als 900 Millionen Menschen ein. Zwar flacht die Wachstumskurve seit einigen Jahren ab und

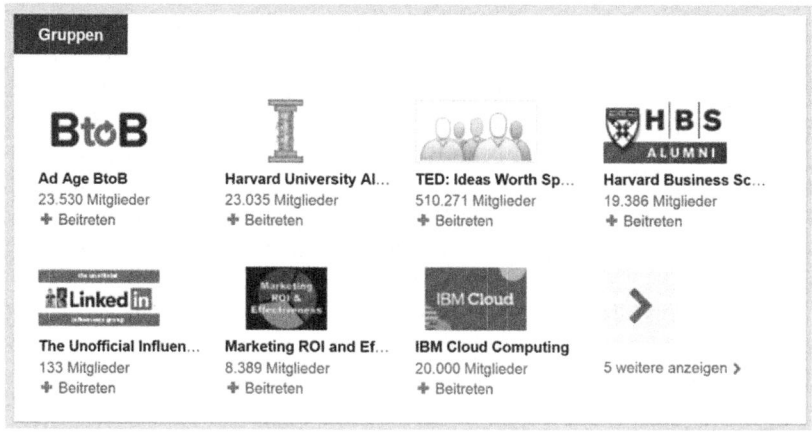

Abb. 10 Gruppen im LinkedIn-Profil des McKinsey-Partners David Edelman

junge Menschen wenden sich verstärkt anderen Kanälen zu, aber vom vielfach heraufbeschworenen Tod ist Facebook noch weit entfernt. Sowohl Nutzerzahlen als auch die Aktivität im Netzwerk wachsen beständig – und das auf sehr hohem Niveau.

Facebook hat sein Portfolio inzwischen deutlich erweitert. Die millionenfach genutzt Chat-Anwendung wurde als eigene Messenger-App ausgegliedert. Mit 600 Millionen aktiven Nutzern ist der Messenger die zweistärkste Chat-App weltweit.

Aber nicht nur durch Ausgliederungen, sondern auch durch Zukäufe hat sich Facebook breiter aufgestellt. Der Marktführer der Chat-Dienste, WhatsApp, gehört seit 2014 zum Facebook-Imperium. 900 Millionen Menschen unterhalten sich über diese Applikation. Und bereits 2012 kaufte Facebook die Fotosharing-App Instagram auf, die ebenfalls 400 Millionen aktive Nutzer umfasst. Spannenerweise befinden sich mit WhatsApp und Instagram zwei der von jungen Menschen am stärksten genutzten Anwendungen im Facebook-Portfolio – also genau der Zielgruppe, die dem eigentlichen Social Network Facebook untreu werden. Facebook baut sich so eine starke Markenfamilie auf, die Nutzer über eine längere Lebensperiode begleitet.

Schlussendlich ist Facebook auch über das reine Social Network hinaus nicht untätig. Mit Atlas wird ein weltweites Werbenetzwerk aufgebaut, über das Werbekunden Anzeigen auf Websites kaufen und verkaufen können. Und mit „M" hat Facebook 2015 eine Künstliche-Intelligenz-Anwendung (KI) an den Start gebracht, die wie ein persönlicher Assistent per Messenger nicht nur Fragen beantwortet, sondern auch Aufgaben erledigt (z. B. Reisebuchungen, Online-Einkäufe, Terminvereinbarungen etc.). Es bleibt also spannend im Hause Facebook.

Tipp 80: Ein Facebook-Profil anlegen

Ob sie ein Facebook-Profil anlegen bzw. haben sollten oder nicht, ist für viele Menschen eine Grundsatzfrage. Bei kaum einem Thema erlebe ich so vehemente Verfechter und so rigorose Gegner.

Die Gründe gegen ein Facebook-Profil sind durchaus nicht von der Hand zu weisen: relativ viele Ihrer Daten gehen an einen US-Konzern und können potenziell von Regierungen ausgewertet werden, Facebook-Nutzung frisst Zeit und es kann zu unangenehmen Situationen kommen, wenn man beispielsweise Kontaktanfragen von Mitarbeitern oder privaten Bekannten aus verschiedenen Gründen nicht annimmt.

Die Vorteile eines Facebook-Profils sind allerdings mindestens ebenso vielfältig: Sie erhalten Zugang zum größten sozialen Netzwerk der Welt, bekommen leichter aktuelle Trends mit, können sich mit Meinungsmachern, Experten und Unternehmen verknüpfen, finden auch interessante oder einfach sehenswerte Inhalte für Ihr Privatleben. Ich kann gar nicht mehr zählen, von wie vielen Events und Entwicklungen ich überhaupt erst per Facebook mitbekommen habe –privat und beruflich. Darüber hinaus findet ein Großteil meiner privaten Kommunikation immer noch über den Facebook-Messenger statt. E-Mails schreibe ich privat nur noch im absoluten Ausnahmefall (z. B. an die Handvoll Freunde, die nicht bei Facebook sind – und das ist tatsächlich nur eine Handvoll).

Im Sinne des effektiven Networkings gehen wir einfach mal davon aus, dass Sie sich dafür entscheiden, ein Facebook-Profil anzulegen, sofern Sie noch keines haben. Wenn Daten Ihre Sorge sind, haben Sie es in der Hand: Was Sie nicht auf Facebook hochladen und dort posten, taucht auch nirgends auf. Sie haben es also selbst in der Hand, welche Fotos Sie hochladen und was Sie mit wem teilen möchten. Doch dazu gleich mehr.

Richten Sie Ihr Profil grundlegend ein. Dazu werden Sie auf der Facebook-Startseite (http://www.facebook.de) durch einen einfachen Prozess geführt. Folgende Felder und Daten sollten sie dabei tatsächlich ausfüllen:

- **Name**: Facebook verlangt einen Klarnamen, Fantasienamen werden geblockt, wenn Facebook misstrauisch wird. Für das Networking ist ein richtiger Name auch deutlich sinnvoller. Wenn Sie sich erst einmal dagegen entscheiden, legen Sie einen unauffälligen Fantasienamen an – Sie können den Namen später immer noch ändern.
- **Geburtsdatum**: Damit will Facebook wissen, ob Sie mindestens 13 Jahre alt sind. Ob Sie das richtige Geburtsdatum eingeben, spielt keine Rolle. Ob Sie Ihr Geburtsdatum veröffentlichen und damit Glückwünsche aus Ihrem Netzwerk bekommen wollen, können Sie separat festlegen.
- **Profilbild**: Wählen Sie ein aussagekräftiges Bild, auf dem Ihr Gesicht zu sehen ist und bei dem es Sie auch nicht stören würde, wenn alle Menschen weltweit es sehen würden. Denn das Profilbild ist für jeden sichtbar, egal ob Kontakt oder nicht, egal ob privat oder beruflich.

Facebook bietet Ihnen die Möglichkeit, noch sehr viele weitere Angaben im Profil anzulegen (s. Abb. 11).

Klicken Sie sich einfach ein wenig durch Ihr Profil und überlegen Sie sich, was für Sie relevant und wichtig ist und was eher nicht. Alles lässt sich später immer noch ergänzen.

Tipp 81: Privatsphäre-Einstellungen vornehmen

Sie sollten sich grundsätzlich mit den Privatsphären-Möglichkeiten auf Facebook vertraut machen, insbesondere dann, wenn Sie kontrollieren möchten, wer was von Ihnen zu sehen bekommt.

Die Einstellungen können Sie jederzeit im eingeloggten Zustand unter https://www.facebook.com/settings?tab=privacy vornehmen. Besonders wichtig sind dort folgende Einstellungen:

Tipp 80: Ein Facebook-Profil anlegen

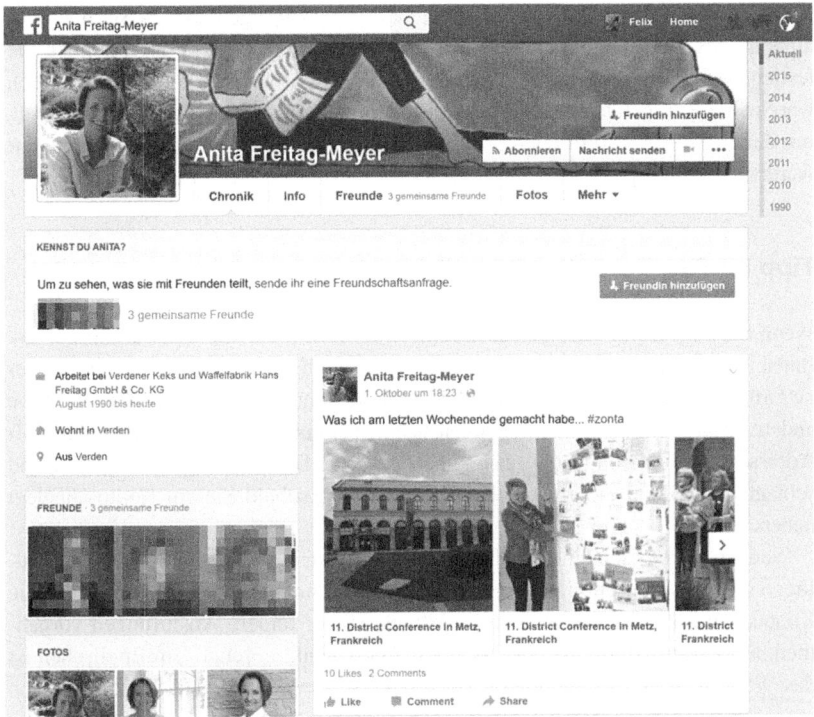

Abb. 11 Facebook-Profil der Unternehmerin Anita Freitag-Meyer

- **Sichtbarkeit der Beiträge**: Hier können Sie generell festlegen, wer das, was Sie posten, sehen darf. Grundsätzlich haben Sie die Optionen, alles öffentlich zu posten (also für jeden auf Facebook sichtbar) oder nur für Freunde sichtbar (also Menschen, die Sie vorher bestätigt haben). Sie können auch von den Freunden einzelne ausnehmen. Diese Einstellungen lassen sich später bei jedem einzelnen Posting neu festlegen. Hier definieren Sie erst mal nur eine Grundeinstellung.
- **Freundschaftsanfragen**: Soll jeder Facebook-Nutzer Ihnen eine Freundschaftsanfrage senden können, oder nur Nutzer, mit denen Sie gemeinsame Freunde haben? Erstere Einstellung macht deutlich mehr Sinn.
- **Auffindbarkeit**: Sie können noch festlegen, ob man mit Ihrer E-Mail-Adresse oder Ihrer Telefonnummer nach Ihnen suchen können soll und ebenfalls, ob Google und andere Suchmaschinen Ihr Profil listen sollen.

Nach diesen grundlegenden Privatsphären-Einstellungen sollten Sie noch auf https://www.facebook.com/settings?tab=timeline vorbeischauen. Dort können Sie festlegen, wer in Ihrem Profil etwas posten darf (nur Sie oder auch Ihre Freunde), wer Sie in Beiträgen markieren darf und anderes. Treffen Sie hier die Einstellungen, mit denen Sie sich wohlfühlen. Auch hier gilt: Alles kann später noch feinjustiert werden.

Tipp 82: Facebook-Kontakte finden

Wenn Sie Ihr Profil neu angelegt haben, werden Sie sich wundern, dass Facebook Ihnen bereits Kontakte vorschlägt, die Sie tatsächlich kennen. Das kann verschiedene Gründe haben: der gleiche Wohnort, gleiche Schule oder Hochschule etc. Eine andere Möglichkeit ist: Die Personen haben bereits unter Angabe Ihrer E-Mail-Adresse oder anderer Daten nach Ihnen gesucht. Das merkt sich Facebook und schlägt Ihnen dann die entsprechende Person vor, sobald Sie ein Konto angelegt haben.

Suchen Sie einfach eine Zeit lang nach Personen, die Sie gern als Freund hinzufügen möchten. Stören Sie sich nicht an der Bezeichnung „Freund" – so heißen die Kontakte bei Facebook einfach. Sie können später feinere Abstufungen vornehmen, aber grundsätzlich nennt Facebook alle Kontakte Freund. Im Englischen ist das Wort „to friend somebody on Facebook" sogar schon in den Sprachgebrauch eingegangen.

Um Kontakte zu finden, können Sie ganz normal die Suchfunktion benutzen. Oder sich tiefer mit der Graph-Search beschäftigen, über die Sie im Kapitel über Eigen-PR schon gelesen haben. Beides führt auf jeden Fall zu zahlreichen möglichen Kontakten.

Um diesen Personen eine Freundschaftsanfrage zu schicken, klicken Sie auf deren Profil einfach auf „Freund/in hinzufügen". Die Person erhält dann eine Benachrichtigung über Ihre Anfrage und kann diese bestätigen oder ablehnen. Anders als bei XING können Sie der Anfrage keine Nachricht beifügen – Sie können aber natürlich parallel dazu noch eine Nachricht senden, sofern der andere das bei Nicht-Freunden nicht gesperrt hat.

Wenn Sie als Freund hinzugefügt wurden, erhalten Sie von Facebook eine Benachrichtigung. Sollte der andere Sie abgelehnt haben, erfahren Sie das nicht. Es kann also sein, dass er Ihre Anfrage noch gar nicht gesehen, schlicht vergessen oder aktiv abgelehnt hat – das bleibt ein Geheimnis.

Es ist sehr empfehlenswert, von Anfang an mit Listen zu arbeiten. Bei XING können Sie Ihren Kontakten Schlagworte zuweisen und die bei der Kontaktaufnahme verschickte Nachricht wird ebenfalls abgespeichert. So wissen Sie sofort, wie Sie diesen Kontakt kennen gelernt haben. Außerdem können Sie sich zum Beispiel alle Kunden, alle Familienmitglieder oder alle Kollegen anzeigen lassen, wenn Sie entsprechende Schlagworte vergeben haben.

Bei Facebook fehlt eine entsprechende Einstellung. Dafür gibt es in Facebook die Möglichkeit, Listen anzulegen. In diese Listen, deren Namen Sie selbst definieren können, können Sie alle Ihre Kontakte einsortieren. Diese Listen können Sie unter https://www.facebook.com/bookmarks/lists zusammenstellen.

Facebook definiert schon selbstständig einige Listen zum Beispiel auf Basis Ihres Wohnorts oder gemeinsamer beruflicher Stationen. Sie können aber beliebig viele weitere Listen anlegen. Empfehlenswert sind beispielsweise Listen für engere Freunde, Familienmitglieder, Kunden und sonstige Bekanntschaften. Diese Listen helfen Ihnen nicht nur, den Überblick über Ihre Facebook-Freunde zu behalten, sondern auch, später Ihre Facebook-Posts gezielter an spezielle Zielgruppen auszuspielen.

Tipp 83: Einigen Seiten folgen

Wenn Sie die ersten Freunde haben, können Sie sich auch nach weiteren interessanten Seiten umsehen. Im Gegensatz zu privaten Profilen müssen Sie mit (Unternehmens-)Seiten keine Freundschaft schließen, sondern können sie einfach mit einem Klick auf den „Gefällt mir"-Button abonnieren.

Auf Facebook werden Sie hunderttausende deutschsprachige Seiten finden. Von völlig sinnlosen und inhaltsleeren über lustige, kuriose und spannende bis hin zu hochseriösen und wertschöpfenden Seiten ist alles dabei. Fast alle großen Medien und Verlage verfügen über eigene Facebook-Seiten. Ihnen hier eine Auswahl vorzustellen ist schwierig. Basierend auf meinen Erfahrungen mit dem Facebook-Coaching von Unternehmen und Führungskräften habe ich doch mal ein paar ausgewählt, die viele meiner Kunden als erstes abonniert haben:

- Tagesschau: https://facebook.com/tagesschau
- Handelsblatt: https://www.facebook.com/handelsblatt
- Manager Magazin: https://www.facebook.com/managermagazin
- Spiegel Online: https://www.facebook.com/spiegelonline
- Bundesregierung: https://www.facebook.com/Bundesregierung

Wenn Sie eine Seite mit dem „Gefällt mir"-Button abonniert haben, erhalten Sie künftig alle oder zumindest einige der neuen Beiträge dieser Seite in Ihrem

Newsfeed angezeigt. Was genau Ihnen angezeigt wird, wählt Facebook durch einen komplexen Algorithmus aus. Das Ziel ist es, Ihnen genau das anzuzeigen, was Sie interessiert.

Tipp 84: Facebook-Posts schreiben

Wenn Sie sich grundlegend mit der Facebook-Infrastruktur vertraut gemacht haben, können Sie auch schon den ersten Post schreiben. Das Herzstück Ihres Facebook-Accounts ist der Newsfeed, also der Bereich, der Ihnen nach dem Einloggen in Facebook angezeigt wird. Dort sammelt Facebook alles, was aus Ihrem Freundeskreis und den von Ihnen abonnierten Seiten relevant für Sie sein könnte. Je mehr Freunde und abonnierte Seiten Sie haben, desto mehr „Leben" ist auch in Ihrem Newsfeed.

Ganz oben im Newsfeed finden Sie das Feld, in dem Sie selbst Beiträge verfassen können. Diese werden dann chronologisch in Ihrem Profil aufgelistet, aber vor allem in den Newsfeeds Ihrer Freunde angezeigt.

Grundsätzlich besteht ein Facebook-Post aus Text. Eine Zeichenbegrenzung gibt es nicht (zumindest nicht so, dass Sie jemals etwas davon merken würden). Sie können Ihrem Post aber auch ein Bild, ein Video oder einen Link beifügen. Auch haben Sie die Möglichkeit, nur ein Bild, Video oder Link zu teilen, ohne begleitenden Text (s. Abb. 12). In der Regel ist es aber sinnvoll, ein paar Worte dazuzuschreiben.

Was sie inhaltlich posten, bleibt natürlich völlig Ihnen überlassen. Generell ist es akzeptiert, auch lockerere, weniger businessbezogene Inhalte zu teilen. Was nicht heißt, dass Sie unbedingt Ihre privaten Urlaubsbilder hochladen müssen. Einen Mittelweg, der Ihnen entspricht, werden Sie aber recht schnell finden.

Es kann sein, dass Sie doch einmal Urlaubsbilder teilen möchten – nur eben nicht mit jedem. Zum Glück können Sie bei jedem einzelnen Facebook-Post selektiv einstellen, wer diesen Post zu sehen bekommen soll. Grundsätzlich haben Sie diese Einstellung schon in den Privatsphäre-Optionen vorgenommen. Deshalb steht

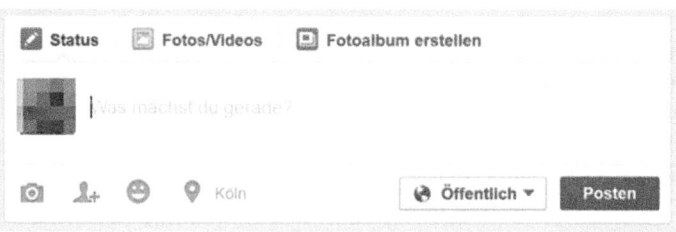

Abb. 12 Facebook-Postfeld mit den verschiedenen Optionen

neben dem „Posten"-Button auch automatisch das Ergebnis dieser Einstellung (zum Beispiel „Öffentlich" oder „Freunde"). Wenn Sie Freunde eingestellt haben, sehen diesen Post nur Personen, mit denen Sie bereits einen aktiven Kontakt haben. Wenn Sie aber auf diesen Button neben dem Posten-Button klicken, können Sie für den einzelnen Post eine andere Einstellung vornehmen. Insbesondere können Sie dort festlegen, dass Ihr Facebook-Post nur einer speziellen Liste oder mehreren Listen gezeigt wird.

Besonders interessant ist auch die Option, einzelne Personen von der Zielgruppe auszuschließen. Sie könnten also zum Beispiel einen Post an alle Freunde absetzen, davon aber einzelne Mitarbeiter oder Kunden ausschließen. Gerade diese Option wird selten genutzt, bietet aber viel Potenzial, um möglichen Ärger zu verhindern.

Personen, die sich außerhalb der von Ihnen gewählten Zielgruppe befinden, also zum Beispiel nicht in Ihrer Liste „enge Freunde" auftauchen, bekommen den Post weder in ihrem Newsfeed eingespielt, noch sehen sie den Beitrag, wenn sie Ihr Profil aufrufen.

Tipp 85: Mit den Beiträgen anderer interagieren

Natürlich sollten Sie nicht nur selbst posten. Ein Großteil der Aktivität auf Facebook besteht in der Interaktion mit den Beiträgen anderer, die in Ihrem Newsfeed auftauchen. Die flüchtigste Form der Interaktion auf Facebook ist der Klick auf den „Gefällt mir"-Button (Like). Ein Like kann Zustimmung und Bestätigung ausdrücken oder einfach bedeuten, dass man den Beitrag wahrgenommen hat. Auf jeden Fall freut sich jeder Facebook-Nutzer darüber, wenn seine Beiträge geliked werden.

Oft reicht ein Like aber nicht aus, weil es etwas mehr zu sagen gibt. Dann können Sie Beiträge gerne auch kommentieren. Im Facebook-Newsfeed ergeben sich durch die Kommentarfunktion oft lange Diskussionen, bei kontroversen Beiträgen auch mit hunderten oder gar tausenden von Kontributoren. In den Kommentaren gibt es keine Zeichenbegrenzung wie beispielsweise bei Twitter, was auch längere und tief greifendere Kommentare ermöglicht. Wenn der Nutzer es in seinem Profil so aktiviert hat, lassen sich auch einzelne Kommentare kommentieren, wodurch eine richtige Forenstruktur in den Kommentaren entsteht.

Wenn Ihnen ein Beitrag richtig gut gefällt und Sie der Meinung sind, dass Ihre Freunde ihn auch zu sehen bekommen sollten, können Sie den Beitrag auch teilen (sharen). Der Share wird als höchste Form der Zustimmung oder Anerkennung gewertet und sorgt tatsächlich auch für die größte Reichweite auf Facebook. Es gibt wohl kaum einen Facebook-Nutzer, der sich nicht darüber freut, wenn seine Beiträge geshared werden.

Tipp 86: In Beiträgen markieren

Eine sehr nützliche Facebook-Funktion ist das Markieren von Menschen oder Seiten in Beiträgen (s. Abb. 13). Erstens stellt man dadurch einen direkten Bezug zur Person oder Seite her. Zweitens können die Leser durch Klick auf die markierte Seite oder die markierte Person direkt auf deren Profil gelangen. Vor allem aber erhält der Markierte eine Benachrichtigung darüber, dass er in einem Beitrag markiert wurde, und wird so auf Ihren Beitrag aufmerksam.

Markieren können Sie alle öffentlichen Seiten oder Ihre Freunde (sofern diese die Funktion nicht in ihren Privatsphären-Einstellungen unterbunden haben). Schreiben Sie dazu vor den Namen des Freundes oder der Seite einfach ein @-Zeichen, dann zeigt Facebook Ihnen eine Liste mit Ihren Freunden an, die markierbar sind.

Wenn Sie selbst markiert wurden, erfahren Sie davon natürlich in der oberen blauen Aktivitätsleiste. Je nach Ihrer eigenen Privatsphäre-Einstellung werden Sie aufgefordert, die Markierung erst freizugeben.

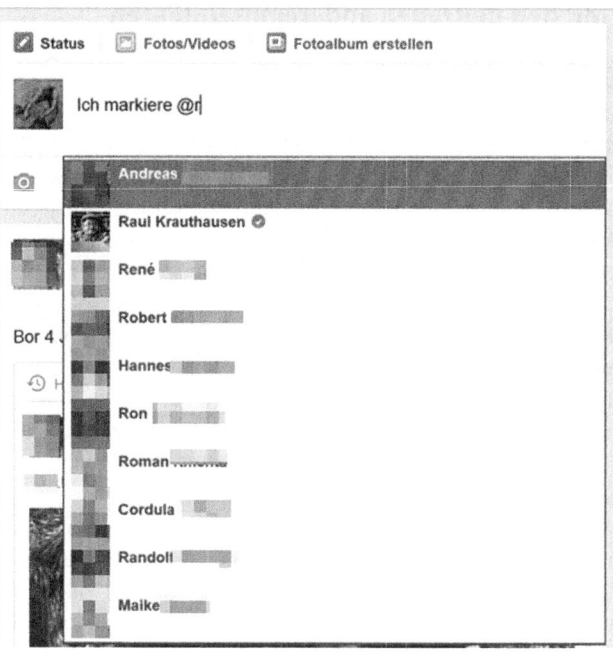

Abb. 13 Markierungen auf Facebook

Wenn Sie jemanden auf einem Bild markieren, spricht man übrigens auch von „taggen".

Tipp 87: Aktivitätenprotokoll nutzen

Eine der sinnvollsten Facebook-Funktionen ist das Aktivitätenprotokoll. Hier sind alle Aktivitäten aufgelistet, die Sie bei Facebook durchgeführt haben. Egal ob es sich um einen geposteten Beitrag, einen geschriebenen Kommentar, ein geliketes Video oder einen neuen Freund handelt – im Aktivitätenprotokoll finden Sie hierfür einen Vermerk. Hier können Sie auch nachträglich die Sichtbarkeitseinstellung aller geschriebenen Beiträge und sonstigen Aktionen verändern. Wenn Sie also im Nachhinein der Meinung sind, ein bestimmtes Foto sollten doch nur Familienmitglieder zu Gesicht bekommen, können Sie das hier noch ändern. Zum Aktivitätenprotokoll gelangen Sie ganz einfach über Ihr Facebook-Profil.

Tipp 88: Facebook-Gruppen

Wie schon bei XING und LinkedIn verfügt auch Facebook über eine extrem große Anzahl an Gruppen. In diesen Gruppen tauschen sich Gleichgesinnte zu verschiedenen Themen aus. Gruppen existieren dabei zu fast allen denkbaren Themen – es gibt lokale Gruppen, Gruppen für Fans von Sportvereinen oder Musikgruppen, politische Gruppen, beruflich verbundene Gruppen oder einfache Gruppen zu lustigen Themen (s. Abb. 14). Über die Facebook-Suche finden Sie alle öffentlichen Gruppen, indem Sie einfach nach passenden Schlagworten suchen. Im Gruppenverzeichnis (https://www.facebook.com/groups/) erhalten Sie einen Überblick über mögliche, für Sie relevante Gruppen sowie Gruppen aus Ihrer Nähe.

Allerdings sind nicht alle Gruppen öffentlich einsehbar. Bei Facebook existieren drei Sichtbarkeitsstufen für Gruppen. Eine Gruppe kann öffentlich sein, dann sind sowohl Mitglieder als auch Gruppenbeiträge für alle einsehbar. Bei geschlossenen Gruppen sind zumindest die Inhalte der Gruppe nur für Mitglieder sichtbar. Und geheime bzw. geschlossene Gruppen sind nur für die Facebook-Nutzer sichtbar, die den direkten Link zur Gruppe erhalten haben. Damit eignen sich geschlossene Gruppen vor allem für sensiblere Themen oder für einen privateren Austausch.

Bitte bedenken Sie, dass auch bei geschlossenen Gruppen die Mitgliedslisten öffentlich einsehbar sind. Werden Sie also besser nur Mitglied von Gruppen, hinter deren Zweck oder Anlass Sie auch öffentlich stehen. Eine Mitgliedschaft in einer Gruppe kann bei Facebook schnell als Zustimmung oder persönliche Bestätigung gewertet werden.

Abb. 14 Facebook-Gruppe des BVMW

Tipp 89: Eigene Facebook-Gruppen anlegen

Wenn Sie ein bisschen mit Gruppen experimentiert haben, werden Sie vielleicht Lust darauf bekommen, eigene Gruppen nutzen zu wollen. Eine Facebook-Gruppe kann prinzipiell jeder Facebook Nutzer anlegen. Hierfür sind auch keine weiteren Voraussetzungen erforderlich. Im oben bereits genannten Gruppenverzeichnis können Sie mit wenigen Klicks eine neue Gruppe anlegen.

Gründe für die Erstellung eigener Gruppen könnten zum Beispiel sein:

- Austausch mit Familienmitgliedern
- Networking unter Kollegen
- Gründung einer Themengruppe für Ihre Branche

- Hobby oder Freizeitaktivität
- Schaffung einer Plattform, zu deren Thema es bisher keine Gruppen gibt
- etc.

Je nach Größe Ihrer Facebook-Gruppe kommt mehr oder weniger Moderationsaufwand auf Sie zu. Eine Gruppe für Kollegen macht weniger Arbeit als die Moderation einer Branchengruppe, in der sich hunderte von Menschen austauschen.

Moderieren heißt im Wesentlichen, auf die Einhaltung von Facebook- und Gruppenstandards zu achten, Spam, Werbung und unangebrachte Beiträge zu löschen, Nutzer freizuschalten (oder im Zweifel auch einmal aus der Gruppe zu entfernen) und allgemein für eine konstruktive Kommunikation in der Gruppe zu sorgen.

Tipp 90: Facebook-App nutzen

Ein großer Teil der gesamten Kommunikation auf Facebook findet mittlerweile mobil statt, überwiegend über die Facebook-App. Die App finden Sie, wie alle Apps der großen Social Networks, im Google Play-Store bzw. im App-Store von Apple.

Die App ist eine etwas abgespeckte, aber übersichtliche und vor allem mobilgerättaugliche Version von Facebook, in der Sie alle wesentlichen Funktionen wiederfinden. Das Chatten via Privatnachricht wurde mittlerweile allerdings in den Facebook-Messenger ausgelagert, den Sie separat installieren müssen.

Natürlich können Sie Facebook mobil auch ohne App nutzen, indem Sie einfach facebook.com im Browser auf Ihrem Smartphone aufrufen. Die App ist langfristig jedoch komfortabler und meist auch schneller. Allerdings saugt sie ziemlich viel Akkuleistung und geht nicht gerade sparsam mit Ihrem Datenvolumen um.

Tipp 91: WhatsApp nutzen

In Zeiten der Smartphones spielen längst nicht mehr nur die Social Network-Websites eine Rolle beim Networking oder dem Austausch untereinander, sondern vor allem auch entsprechende Apps. Natürlich bietet jedes Social Network auch eine eigene App an, aber einige Dienste sind ausschließlich als App verfügbar (oder primär als App mit einer eingeschränkten Desktop-Version).

In erster Linie ist hier WhatsApp zu nennen. Rund eine Milliarde Menschen haben die App auf ihren Smartphones installiert, was WhatsApp nach Facebook zum zweitgrößten Kommunikationsdienst weltweit macht.

WhatsApp

Der Aufstieg von WhatsApp als Kommunikationskanal ist ein überwältigendes Beispiel für die enorme Kraft, die von einfachen Startups ausgehen kann. Der Dienst wurde schon 2009 gegründet, nahm aber erst in den letzten Jahren deutlich an Fahrt auf. 2013 überstieg die Anzahl der verschickten WhatsApp-Nachrichten in Deutschland erstmals die Anzahl der versendeten SMS. Damit läutete WhatsApp das Ende dieser bis dahin stetig zunehmenden Kommunikationsform ein. Mittlerweile spielt die SMS nur noch eine sehr geringe Rolle, während fast 20-mal mehr WhatsApp-Nachrichten verschickt werden (s. Abb. 15).

Nachdem der enorme Erfolg von WhatsApp und die damit einhergehende Bedrohung für das führende Social Network Facebook offensichtlich wurde, kaufte Facebook das Unternehmen 2014 für einen Kaufpreis von 19 Milliarden US-Dollar.

Die wichtigsten Funktionen von WhatsApp sind neben dem normalen Chat vor allem die Gruppenchat-Funktion, das Versenden von Bildern, Sprachnachrichten und Videos sowie die Möglichkeit der kostenlosen Telefonie über die App. Immer mehr Mediendienste und Unternehmen nutzen WhatsApp mittlerweile auch als Kommunikationskanal mit ihren Lesern und Kunden.

Sie sollten WhatsApp auf jeden Fall ebenfalls nutzen, wenn Ihnen die Kommunikation und das Netzwerken mit Anderen wichtig sind. Insbesondere die Gruppenchat-Funktion ermöglicht es sehr gut, sich mit mehreren Kontakten gleichzeitig auszutauschen. Viele Nutzer richten zum Beispiel Gruppen für die Familie oder Arbeitskollegen ein oder organisieren Events, Treffen oder Feiern auf diese Weise.

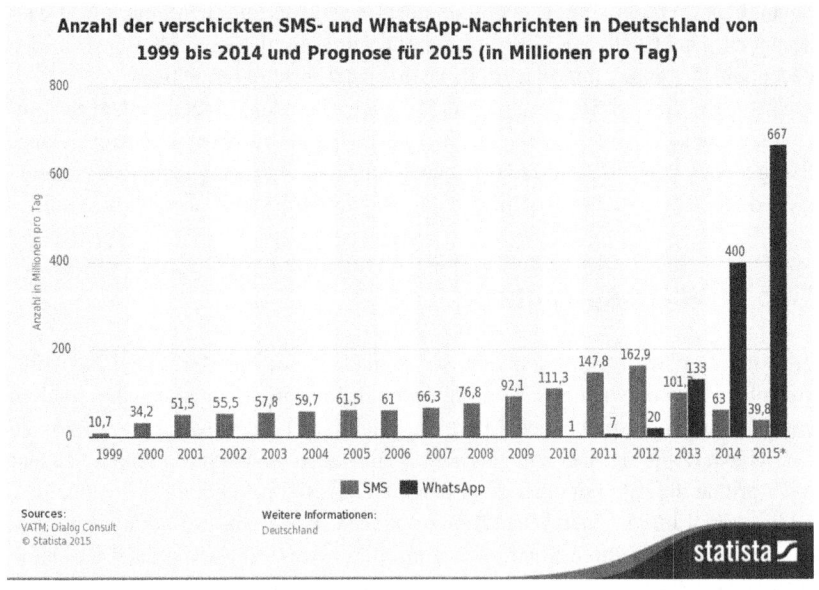

Abb. 15 WhatsApp-Nachrichten vs. SMS

Allerdings müssen Sie sich darüber im Klaren sein, dass WhatsApp ein kommerziell ausgerichtetes US-Unternehmen ist und darüber hinaus zum Facebook-Konzern gehört. Wie generell im Social Web dürfen Sie keine allzu großen Bedenken über den Datenschutz haben oder eben die App nicht oder nur eingeschränkt nutzen.

Nachdem Sie WhatsApp installiert haben, können Sie in Ihrem Smartphone-Adressbuch suchen, wer aus Ihrer Liste ebenfalls WhatsApp verwendet. Darüber hinaus können Sie neue Kontakte hinzufügen und direkt loschatten.

Tipp 92: WhatsApp am Rechner nutzen

Wer mit dem Chatten am Smartphone nicht so gut zurecht kommt, für den hält WhatsApp glücklicherweise noch eine Alternative bereit. Mit „WhatsApp Web" lässt sich der Chat auch am Desktop-PC nutzen (s. Abb. 16).

Dafür sind lediglich ein Smartphone, auf dem WhatsApp installiert ist, sowie ein aktueller Browser (Chrome, Firefox, Opera oder Safari) nötig.

Unter http://web.whatsapp.com finden Sie dann einen QR-Code mit der Aufforderung, diesen mit Ihrem Smartphone zu scannen. Den entsprechenden Scanner finden Sie direkt in der WhatsApp-App. Durch das Scannen wird Ihr Browser verifiziert und mit Ihrem Smartphone verknüpft. Nun wird WhatsApp von Ihrem Smartphone quasi auf den PC „gespiegelt". Was Sie auf dem einen Gerät tun, wirkt sich direkt auch auf das andere Gerät aus. Sie haben also weiterhin nur einen WhatsApp-Account, auf den Sie nun aber mit zwei Geräten zugreifen.

Für viele sind gerade längere Chats am Desktop sehr viel entspannter als auf den oft kleinen und wenig nutzerfreundlichen Bildschirmen der Smartphones.

Abb. 16 WhatsApp Web in Aktion

Tipp 93: Andere Messaging-Apps nutzen

Während der Facebook-Messenger und WhatsApp einen großen Teil der weltweiten Chat-Kommunikation bündeln, gibt es natürlich noch eine Reihe weiterer Dienste, die ihre Fans haben. Manche dieser Dienste sind vor allem bei bestimmten Zielgruppen (z. B. Teenagern) beliebt, andere versuchen, durch spezielle Vorteile (z. B. besseren Datenschutz) Nutzer zu gewinnen.

Threema
Threema ist eine der beliebtesten WhatsApp-Alternativen und wächst vor allem seit dem Aufkauf von WhatsApp durch Facebook. Denn Threema ist ein europäisches Produkt, das sich die Datensicherheit auf die Fahne geschrieben hat. Alle Nachrichten werden verschlüsselt übersendet. Eine unverschlüsselte Speicherung auf Internetservern, ein Tracking oder eine Weitergabe von Nutzerdaten findet nicht statt.

Snapchat
Snapchat legt derzeit ein rasantes Wachstum hin, ist aktuell allerdings eher bei jüngeren Nutzern beliebt. Die Besonderheit liegt vor allem darin, dass sich die versendeten Bilder bereits nach wenigen Sekunden „selbst zerstören". Dadurch soll eine höhere Sicherheit auch bei sehr persönlichen Fotos gewährleistet werden. Die Fotos können mit allerlei Filtern bearbeitet und aufgehübscht werden. Kostenpflichtig können zusätzliche Filter für Selfies erworben werden.

Google+-Hangouts
Auch über das Social Network Google+ kann mobil gechattet werden. Da die Nutzung von Google+ allerdings stark nachgelassen hat, dürfte auch der Chat (Hangout) keine allzu guten Zukunftsaussichten haben.

Line
In Asien eine der am stärksten genutzte Messaging-Anwendung, die allerdings in Europa noch keine relevante Rolle spielt.

WeChat
WeChat wird ebenso wie Line als aufstrebender Dienst mit großem Zukunftspotenzial angesehen. Von der Funktionalität ist WeChat irgendwo zwischen WhatsApp und Facebook einzuordnen.

Tipp 94: Andere Plattformen ausprobieren

In diesem und im letzten Kapitel haben wir die wichtigsten Kanäle für die Eigen-PR und das persönliche Netzwerken angeschaut. Darüber hinaus gibt es natürlich noch eine Vielzahl weiterer Plattformen. Es ist geradezu eine Eigenheit des Internets und des Social Webs, dass Dienste in kaum vorhersehbarer Weise kommen und gehen. Waren früher SecondLife, MySpace und StudiVZ riesig und fest etabliert, spricht heute kein Mensch mehr davon. Andere Plattformen wie Snapchat kommen aus dem Nichts und erobern die Welt. Und manche (wie Google+) schaffen es trotz enormer finanzieller Mittel nicht, sich dauerhaft am Markt zu platzieren.

Trotzdem lohnt es sich, immer auch ein Auge auf Plattformen zu haben, die vielleicht im ersten Moment nicht so relevant erscheinen. Denn erstens hält es geistig flexibel, sich mit Neuerungen auseinanderzusetzen und zweitens ergeben sich manchmal tatsächlich Ansätze, die auf den ersten Blick nicht offensichtlich waren.

Bis Sie dieses Buch in den Händen halten, kann die Welt schon wieder anders aussehen. Deshalb beschränke ich mich hier auf ein paar Empfehlungen, die aller Wahrscheinlichkeit nach auch in ein paar Monaten noch existieren werden (was man von manchen Startups ja nicht immer sagen kann). Werfen Sie mal einen Blick drauf und sehen Sie, was Ihnen zusagt. Vielleicht finden Sie ja Gefallen an dem einen oder anderen Dienst.

Instagram
Instagram gehört zu den größten und wichtigsten Social Media Plattformen, die es aktuell gibt. Da der Fokus überwiegend privater bzw. freizeitgestalterischer Natur ist, habe ich die Plattform in diesem Buch nicht ausführlicher behandelt. Einen Blick ist sie aber trotzdem wert, vor allem, wenn Sie Interesse an Bildern haben. Denn Instagram besteht ausschließlich aus Bildern (und kurzen Videos). Selfies, Bilder von ausgefallenen Gerichten (#foodporn) oder beeindruckenden Sonnenuntergängen (#sunporn) oder einfach alltäglichen Eindrücken der Nutzer.

Instagram ist als reine App gedacht. Auf der Weboberfläche (www.instagram.com) können Sie nach dem Einloggen zwar Bilder suchen und Ihren Newsfeed betrachten, aber selbst keine Bilder hochladen. Das funktioniert nur über die App.

Pinterest
Was Instagram für das Smartphone ist, ist Pinterest für den Desktop. So ähnlich könnte man das Verhältnis (verkürzt) zusammenfassen. Tatsächlich ist Pinterest eine Art virtuelle Pinnwand. Nutzer laden dort Bilder hoch oder ziehen sich die

Bilder direkt von Websites und organisieren sie in thematischen Sammlungen (Pinnwände). Wie in allen Social Networks können die Nutzer (aber auch einzelne Pinnwände) abonniert, die Bilder geteilt, geliked und kommentiert und per Suchfunktion neue Inspirationen gesucht werden.

Vine
Wenn Sie sich mit Vine beschäftigen, stoßen Sie eventuell an die Grenzen Ihres Verständnisses. Zumindest geht es vielen Menschen so, die Vine zum ersten Mal ausprobieren. Denn hier geht es nur um kurze Video-Sequenzen, die in Endlosschleife (Loop) abgespielt werden. Die Videos sind maximal sieben Sekunden lang und ergeben ihren Charme oft tatsächlich erst durch die Loop-Funktion, durch die sie einen besonderen Humor oder eine besondere Eindrücklichkeit entwickeln.

Periscope
Periscope gehört zu den Begründern des Live-Streaming-Trends. Mit der App kann man das, was die Handykamera aufnimmt, live ins Netz stellen. Andere Nutzer der App können die Streams dann live ansehen. Dem Sender steht es frei, eine Aufzeichnung davon bereit zu stellen (die allerdings maximal 24 Stunden lang verfügbar ist) oder es beim Live-Stream zu belassen.

Periscope wird jedoch Probleme bekommen, da Facebook nach und nach eine eigene Live-Streaming-Funktion einführt. Zwar hat Periscope mit Twitter ebenfalls einen reichweitenstarken Inhaber im Rücken – im Vergleich zu Facebook stehen die Chancen auf eine florierende Zukunft allerdings schlechter.

6 Informationen sortieren und Produktivität steigern

Das Internet kann ohne Frage ein enormer Zeitfresser sein. Gerade Social Media-Kanäle bergen die Gefahr, stundenlang zu diskutieren, sich durch Klickstrecken zu wühlen oder von einem Video zum anderen zu hangeln.

Auf der anderen Seite bietet das Netz auch zahllose Möglichkeiten, mehr Produktivität zu erreichen, Aufgaben schneller zu erledigen und Informationen besser zu sortieren. Viele der genialen Tools sind kostenlos oder sehr günstig zu haben. In diesem letzten Kapitel stelle ich Ihnen einige sehr hilfreiche Möglichkeiten vor, mit denen Sie das Internet besser, schneller und effektiver nutzen und dadurch mehr Zeit für die wirklich wichtigen Dinge des Lebens haben.

Tipp 95: Online-Kalender einrichten

Es ist jetzt ziemlich genau 4 Jahre her, dass ich meinen letzten Jahreskalender im Handbuchformat besessen habe. Seitdem habe ich, was Kalenderfunktionen und Terminmanagement angeht, komplett auf online umgestellt. Das Schöne daran: Durch die Cloud-Funktionalität wird mein Kalender auf allen Endgeräten automatisch synchronisiert.

Ich persönlich habe mich, da ich mich ausschließlich für das Apple-Universum begeistern konnte, für den Google Calendar entschieden (http://calendar.google.com). Diesen nutze ich sowohl im Browser auf meinem Laptop als auch auf dem Smartphone und Tablet und jetzt auch auf der Smartwatch.

Das Verwenden eines digitalen Kalenders hat einige offensichtliche Vorteile: Man kann ihn nicht mehr verlieren, er ist ja online gespeichert. Dank Benachrichtigungsfunktion wird kein Termin mehr übersehen. Und mit der Suchfunktion lässt sich nach Schlagworten suchen. Auch das Massenbearbeiten (z. B. ein wöchentlich wiederkehrender Termin) ist eine echte Hilfe. Und schließlich schleppt man keinen Kalender mit sich herum, das Smartphone ist ja ohnehin immer dabei.

Wer den Google Calendar nicht nutzen will, findet im Netz jede Menge Alternativen, von bekannten Angeboten (wie z. B. Outlook oder den Apple-Kalender) bis hin zu sehr spezialisierten Apps (wie z. B. Jorte, wo die Personalisierung aller Elemente möglich ist).

Tipp 96: Cloud-Speicher nutzen

Die Zeiten, in denen wir alle unsere Daten auf Festplatten und Computern gespeichert haben, gehen langsam dem Ende zu. Künftig werden Daten immer mehr in der Cloud gespeichert. Das lässt sich langfristig gar nicht mehr vermeiden, da die Datenmengen einfach zu groß werden, um sie noch auf Festplatten ablegen zu können.

Unternehmen und Privatnutzer weichen daher zunehmend in die Cloud aus. Darunter versteht man Online-Dienste, die Speicherplatz auf deren Servern zur Verfügung stellen. Bei guten Angeboten sind diese Speicher auch entsprechend abgesichert (was nicht heißt, dass es nicht doch zu Hackerangriffen oder Datenverlusten kommen kann) und oft sogar sehr kostengünstig.

Wenn Sie anfangen, mit Cloud-Speichern zu arbeiten, wollen Sie vielleicht erst mal nicht die aller-sensibelsten Daten dort ablegen. Starten Sie also eher mit Ihrer Musiksammlung als mit Ihren Kontobelegen.

Anbieter für Cloud-Speicher gibt es viele. Sehr bekannt und weit verbreitet ist **Dropbox** (www.dropbox.com). Dort erhalten Sie nicht nur zwei Gigabyte kostenlosen Speicherplatz, sondern auch einen großen Funktionsumfang samt Mobile App. Der Speicherplatz kann durch das Einladen von Freunden kostenlos erweitert werden, lässt sich aber auch kostenpflichtig erweitern.

Apple-Nutzer können auf die **iCloud** zugreifen. Dieser Online-Speicher wird auch für das Backup der Apple-Geräte genutzt und verfügt derzeit über fünf Gigabyte kostenlosen Speicherplatz.

Auch Google bietet einen Cloud-Service an. Mit **Google Drive** können Sie sogar 15 GB Daten abspeichern, was sich vor allem bei Videos lohnt, da diese meist recht viel Speicherplatz benötigen.

Egal, für welchen Dienst Sie sich entscheiden: Sorgen Sie für ein sicheres Passwort und geben Sie dieses niemals an Dritte weiter. Damit sorgen Sie schon mal für eine Grundsicherung Ihrer Daten.

Tipp 97: Online-Officedienste einsetzen

Die letzten zwei Jahrzehnte haben wir uns daran gewöhnt, einzelne Software-Programme zu kaufen und zu installieren oder gleich ein gesamtes Software-Paket. Insbesondere gilt das für Office-Anwendungen wie Microsoft Office. Kaum ein Rechner, auf dem Word, Excel und Co. nicht installiert wären.

Aber auch diese Zeit neigt sich dem Ende zu. Auch die Textverarbeitung und Tabellenkalkulation wandert in die Cloud. In einigen Jahren wird uns der Gedanke, Software für einen Datenträger zu kaufen oder herunterzuladen, um sie dann mühsam zu installieren, so absurd vorkommen wie heute die Vorstellung, dass man für das Abspeichern eines MP3-Songs zwei bis drei Disketten benötigt.

Mittlerweile ist auch das bekannte Microsoft Office-Paket als Cloud-Anwendung verfügbar (Office 365). Wer die Kosten dafür scheut oder eine Alternative sucht, der sollte sich das bereits angesprochene Google Drive genauer anschauen. Denn das kostenlose Paket enthält nicht nur 15 GB Speicherplatz, sondern auch ein komplettes, webbasiertes Software-Paket. In diesem Paket ist unter anderem ein Textverarbeitungssystem (Google Docs), ein Tabellenkalkulationsprogramm (Google Sheets) und ein Präsentationsprogramm (Google Slides) enthalten. Die einzelnen Dienste entsprechen vom Funktionsumfang her weitgehend den bekannten Office-Anwendungen, nur eben mit dem Vorteil der Cloud-Speicherung. Das heißt unter anderem, dass die Dateien von allen Endgeräten aus verfügbar sind, automatisch zwischengespeichert werden und sogar von mehreren Nutzern gleichzeitig bearbeitet werden können.

Tipp 98: Mit Notizbuch-Apps nichts mehr vergessen

Neben dem Taschenkalender und den Software-CDs sind auch Notizbücher vom Aussterben bedroht. Zumindest als Ergänzung, wenn nicht als vollwertiger Ersatz, helfen Notizbuch-Apps auf Tablet und Smartphone dabei, keine Ideen und Informationen mehr zu vergessen.

Wer dabei aber nur auf simple To-do-Listen setzt, dem entgehen die wirklichen Vorteile der Apps. Denn neben reinen Texteinträgen können zum Beispiel Screenshots von Websites, Audio-Nachrichten, Fotos, Diagramme oder Weblinks eingefügt werden. Dadurch werden die Notizen zu multimedialen und sehr nachhaltigen Informationssammlungen, die weit über das, was mit einem herkömmlichen Adressbuch möglich ist, hinausgehen.

Die meisten Smartphone- und Tablet-Betriebssysteme haben bereits Notiz-Apps an Board, die bereits über einen guten Funktionsumfang verfügen. In den App-Stores gibt es darüber hinaus weitere Apps für jeden denkbaren Einsatzzweck, entweder kostenlos oder für wenige Euro.

Eine gute geräteübergreifende und sehr vielseitige App ist Microsoft OneNote (www.onenote.com). Mit OneNote ist so ziemlich alles möglich, was moderne Notiz- und Informationsmanagement-Apps können sollten – zusammenstellen, bearbeiten, speichern, teilen, kollaborativ zusammenarbeiten.

Eine weitere, ebenfalls sehr weit verbreitete App kommt vom Startup Evernote (evernote.com) Auch Evernote ist viel mehr als ein Notizbuch und bietet alle notwendigen Funktionen (und einige mehr…). Der Preisspielraum reicht je nach Funktionsumfang von kostenlos bis 120 Euro pro Jahr. Als normaler Nutzer wird Ihnen die kostenlose Version höchstwahrscheinlich ausreichen.

Tipp 99: Effektiver arbeiten mit Zeitmanagement- und Planungs-Apps

Neben den Notiz-, Kalender- und Office-Anwendungen bieten das Internet und die App-Stores auch eine ganze Reihe an speziellen Anwendungen für besseres Zeit- und Projektmanagement, die persönliche oder professionelle Projektplanung und für effektiveres Arbeiten allgemein.

Das wohl bekannteste Zeit-/Selbstmanagement-Tool stammt von einem deutschen Startup und heißt Wunderlist. Dabei handelt es sich um eine relativ simple, aber starke Anwendung, die für alle gängigen Betriebssysteme auf Handy, Tablet, Desktop und Smartwatch kostenlos verfügbar ist.

Der Kern von Wunderlist sind To-Do-Listen, die in verschiedene Kategorien eingeteilt, mit Prioritäten und Deadlines versehen werden und mit anderen Nutzern (Freunden, Familie, Kollegen etc.) geteilt werden können. Wie bei einigen anderen Anwendungen auch, können Aufgaben ebenso direkt per E-Mail an das System geschickt werden, woraufhin sie sofort als Aufgabe abgespeichert werden.

Tipp 100: Ablenkungen vermeiden

Wenn Sie sich intensiver mit den Social Media-Kanälen beschäftigen, ist es gut möglich, dass Sie Gefallen daran finden und einige Zeit auf Facebook und Co. verbringen. Das ist grundsätzlich nichtverwerflich. Allerdings besteht immer auch die Gefahr, Zeit zu „verschwenden" oder sich ständig ablenken zu lassen.

Dieses Problem ist altbekannt und sehr weit verbreitet. So weit, dass viele Unternehmen Lösungsansätze anbieten. Wenn also die einfachste Lösung (ausloggen und erst mal nicht mehr einloggen) aus Mangel an Selbstdisziplin oder anderen Gründen nicht in Frage kommt, könnte ein Software-Trick helfen.

Mein Lieblings-Helferlein in dieser Beziehung ist Cold Turkey (www.getcoldturkey.com). Der Name, der eigentlich den kalten Drogenentzug meint, ist Programm: Cold Turkey sperrt beliebige Websites oder Apps für einen definierten Zeitraum. Wenn also das Ziel ist, die nächsten 2–3 Stunden konzentriert zu arbeiten, könnte man Facebook, Twitter und YouTube (oder alle anderen Websites und Cloud-Dienste) einfach sperren. Erst nach Ablauf der Zeit werden die Seiten oder Dienste dann wieder freigeschaltet.

In der kostenpflichtigen Premium-Version lassen sich auch zahlreiche weitere Einstellungen vornehmen, zum Beispiel Programme auf dem Rechner sperren oder die Sperrung per Zeitschaltuhr steuern, so dass Facebook oder Googlemail zum Beispiel erst ab 12 Uhr mittags erreichbar ist.

Tipp 101: Zeit analysieren

Eng verbunden mit dem letzten Tipp ist auch dieser: Schaffen Sie sich einen Überblick darüber, was genau Sie online eigentlich tun bzw. wie viel Zeit Sie womit verbringen. Ich garantiere Ihnen: Wenn man Sie fragen würde, würden Sie eine völlig andere Einschätzung abgeben als es der realen Nutzung entspricht. Wir sind generell sehr schlecht darin, unsere Zeit im Nachhinein realistisch zuzuordnen.

Software lügt aber zum Glück nicht. Und auch für diesen Zweck gibt es die passenden Anwendungen. Der bekannteste Dienst in diesem Bereich ist RescueTime (www.rescuetime.com).

RescueTime läuft im Hintergrund auf Ihrem Rechner und auf Wunsch auch auf dem Smartphone mit und analysiert, was Sie so den ganzen Tag über tun. Am Ende des Tages können Sie dann einsehen, wie viel Zeit Sie tatsächlich auf Facebook oder YouTube verbracht, wie lange Sie E-Mails getippt und wie lange Sie an Ihrem Blogbeitrag geschrieben haben.

Zusätzlich zur reinen Analyse bietet RescueTime eine Reihe nützlicher Funktionen. So können Sie auch mit diesem Tool Websites und Dienste blockieren oder einen Alarm ertönen lassen, wenn Sie eine bestimmte Zeit bei einer Tätigkeit überschritten haben. Nur noch 30 Minuten Facebook am Tag? Kein Problem.

Anhang

Lexikon

App Kurzform für „Application". Programm, das auf Smartphones oder anderen mobilen oder stationären Endgeräten installiert und ausgeführt wird. Ersetzt dann den Besuch der (mobilen) Website des Anbieters (z. B. Facebook-App statt Facebook Website) oder ergänzt Software um weitere Funktionen (z. B. Apps für Windows 10). Manche Apps führen weitergehende Funktionen aus (z. B. 3D-Ansichten oder Anwendungen der virtuellen Realität).

Algorithmus Formel zur Berechnung bestimmter Vorgänge. Viele Online-Dienste verwenden Algorithmen für ihre Funktionalitäten. Der Google-Algorithmus errechnet zum Beispiel das Ranking der gefundenen Websites im Google-Index. Bei Facebook sorgt ein Algorithmus dafür, dass die Mitglieder potenziell für sie interessante Inhalte zu sehen bekommen.

Blog Ursprünglich Internet-Tagebuch; spezielle Art von Website, die durch regelmäßige neue Beiträge erweitert wird. Kann entweder unter einer eigenen Domain bzw. als Teil einer Website oder auf einer externen Blog-Plattform betrieben werden.

Browser Programm zum Surfen im Internet bzw. zum Aufrufen von Websites. Die bekanntesten Browser sind Firefox, Chrome, Internet Explorer, Safari und Opera, die alle sowohl für Desktop-Rechner als auch für Mobilgeräte verfügbar sind.

Cloud Oberbegriff für alle Anwendungen, die nicht lokal auf einem Rechner, sondern onlinebasiert verwendet werden. Darunter fallen zum Beispiel Software-Anwendungen (Customer Relationship Management-Dienste, Office-Anwendungen etc.) oder Speicherdienste wie Dropbox oder iCloud.

Forum Plattform zum Austausch entweder zu einem bestimmten Thema oder innerhalb einer bestimmten Zielgruppe. Klassisch sind foreneigene Web-Auftritte, die eine bestimmte Forensoftware nutzen. Heute werden Foren auch in Form von Gruppen in Social Networks wie Facebook, XING oder LinkedIn betrieben.

Google Analytics Web-Analysesoftware zur Auswertung des Nutzerverhaltens auf einer Website. Google Analytics ermöglicht (wie zahlreiche Konkurrenzdienste auch) unter anderem Auswertungen zu den Besucherquellen und der Besucheranzahl, den angesehen Seiten, auf der Website durchgeführten Aktionen und sehr vielen weiteren, auch kombinierten Fragestellungen. Da Google Analytics kostenlos angeboten wird, ist es das weltweit meistgenutzte Web-Analysesystem.

Hashtag Schlagwort in den Social Media. Durch Voranstellen des Rautezeichens # wird das darauffolgende Wort zu einem anklickbaren Link, der zu einer Liste mit weiteren oder allen Beiträgen des Social Networks, die den Hashtag ebenfalls enthalten, führt.

Homepage Startseite eines Internetauftritts (bzw. einer Website). Umgangssprachlich wird auch oft die gesamte Website als Homepage bezeichnet.

Newsfeed Zentraler Bereich der meisten Social Networks, z. B. Facebook, Twitter, Instagram, LinkedIn. Hier werden Neuigkeiten aus dem Freundeskreis, Beiträge von abonnierten Seiten und Werbeanzeigen angezeigt. Facebook verwendet einen Algorithmus, um relevante Beiträge zu erkennen und den richtigen Personen auszuspielen, andere Netzwerke (wie Twitter) listen alle Beiträge ungefiltert auf. Der Newsfeed ist der Bereich in den Social Networks, in dem die Nutzer einen Großteil ihrer Zeit verbringen.

NSFW Abkürzung für „Not safe for work". Mit diesem Hinweis werden E-Mails oder Social Media Postings versehen, die der Empfänger besser nicht bei der Arbeit ansehen sollte (etwa wegen erotischen oder anderen unpassenden Inhalten). Manchmal wird bei harmlosen Beiträgen der Zusatz „SFW" (Safe for work) verwendet.

Post/Posting Beitrag in einem Social Network; auch Beitrag in einem Blog (Blogpost).

Plugin Software, die eine andere Software ergänzt oder erweitert. Plugins gibt es zum Beispiel für Browser (AdBlocker, Print-Plugins etc.), aber auch für Content Management Systeme, Textverarbeitungsprogramme und viele andere Software-Typen. Plugins werden manchmal auch als Add-On oder Extension bezeichnet.

QR-Code Kurzform für „Quick Response"-Code. Zweidimensionale Darstellung von codierten Informationen (ähnlich einem Barcode), die dann per Smartphone-App gescannt und entschlüsselt werden können. QR-Codes sind in der Regel schwarz-weiß, quadratisch und „pixelig", wobei auch grafische Anpassungen in gewissem Maße möglich sind. Die codierte Information wird nach dem Scannen vom Smartphone abgerufen. Dabei kann es sich um einen Weblink, eine digitale Visitenkarte, eine Software-Funktion oder andere Inhalte handeln.

SEO Kurzform für „Search Engine Optimization", Suchmaschinenoptimierung. Wichtige Disziplin im Online-Marketing mit dem Ziel, die Auffindbarkeit von Websites in den Suchmaschinen zu erhöhen.

Social Network Kategorie in den Social Media, bei dem die Vernetzung mit Freunden oder Gleichgesinnten sowie der gegenseitige Austausch im Vordergrund steht. Facebook ist das größte und bekannteste Social Network; es existieren aber auch Mischformen aus Social Network und anderen Kategorien.

Suchstring Suchstring bezeichnet die Suchabfrage, die in eine Suchmaschine eingegeben wird. Er kann aus einem oder mehreren Suchbegriffen sowie weiteren Bestandteilen (Kombinationswörter wie AND, Gänsefüßchen, Minuszeichen etc.) bestehen.

Tl;dr Häufig benutzte Kurzform in Social Networks für „Too long, didn't read" – also den Hinweis, dass ein Beitrag zu umfangreich sei und er daher nicht (komplett) gelesen wurde. Manche Online-Medien hängen ihren Artikeln auch einen tl;dr-Zusatz an, in dem die Kernaussagen des Artikels zusammengefasst sind.

View Aufruf eines Online-Videos, teilweise auch Aufruf eines Bild- oder sonstigen Inhalts. YouTube zeigt zum Beispiel unterhalb der Videos die Anzahl der Views an, die als Erfolgsindikator angesehen wird.

Wearables Digitale Geräte, die am Körper getragen werden. Zu den Wearables gehören zum Beispiel Smartwatches und Fitnesstracker-Armbänder, aber auch smarte Kleidung oder sonstige Accessoires.

The manufacturer's authorised representative in the EU is Springer Nature Customer Service Centre GmbH, Europaplatz 3, 69115 Heidelberg, Germany. If you have any concerns regarding our products, please contact ProductSafety@springernature.com

Printed and bound by CPI Group (UK) Ltd, Croydon, CR0 4YY
25/03/2026
02078194-0011